EMOTIONAL INTELLIGENCE IS
THE ABILITY TO SPEAK

所谓情商高就是会说话

高山 编著

吉林文史出版社
JILINWENSHICHUBANSHE

图书在版编目（CIP）数据

所谓情商高就是会说话 / 高山编著 . -- 长春：吉林文史出版社，2018.9

ISBN 978-7-5472-5289-5

Ⅰ.①所… Ⅱ.①高… Ⅲ.①语言艺术—通俗读物 Ⅳ.① H019-49

中国版本图书馆 CIP 数据核字（2018）第 175877 号

SUOWEIQINGSHANGGAOJIUSHIHUISHUOHUA

书　名　**所谓情商高就是会说话**

编　著　高　山

责任编辑　于　涉　张雅婷

封面设计　余　微

出版发行　吉林文史出版社

地　址　长春市人民大街 4646 号　邮编：130021

网　址　www.jlws.com.cn

印　刷　北京德富泰印务有限公司

开　本　880mm×1230mm　1/32

印　张　8

字　数　180 千

版　次　2018 年 9 月第 1 版　2018 年 9 月第 1 次印刷

书　号　ISBN 978-7-5472-5289-5

定　价　35.00 元

　　俗话说："人生的幸福就是人际关系的幸福，人生的成功就是人际沟通的成功。""山高人为峰，沟通赢天下。"会说话的人都能如鱼得水，左右逢源，不会说话的人却处处碰壁，也不招人喜欢。尤其在现代社会，人际关系被提升到越来越高的高度，人们不管是生活还是工作，都免不了要与其他人打交道，因此，会说话已经成为必备的技能，而非锦上添花的能力。要想与别人更好地相处，首先，要做一个"会说话的人"。

　　此外，人际交往能力还是情商的一个重要部分，它涉及自我觉醒（清楚自己的情绪、力量、弱点、价值和目标，并且利用直觉来做决定）、自我约束（控制或者引导自己混乱的情绪、冲动，以适应变化的环境）、社交技能（妥善管理关系，让人际关系朝期待的方向发展）、同理心（能够考虑别人的感受，特别是在做决定时）、动机（为了获得成就，有足够的动力去完成任务）等几种能力。当这些能力能够发展到一个理想水平时，人际关系才是协调的、适度的、和谐的。

一个人倘若掌握了说话的技巧，那么不管是遇到朋友、客户、爱人或者陌生人，办起事情来得心应手。这样，人生目标便能够得到实现，爱情便能够在宽容中得到进一步升华，朋友便会在你最危难的时候施以援手，甚至身边的陌生人也会因为出众的口才而对你顿生好感。但是，倘若你是一个木讷而不会说话的人，那么你的人生可能要经历一番艰辛了。

尽管人们常说"江山易改，本性难移"，实际上，说话能力的提升并非取决于我们的先天条件，而是取决于我们的内心状态。

很多人之所以默默无闻，是因为在社交群体中总是躲在角落中没有勇气面对所有人，或者是因为自卑，或者是因为心中的障碍。因为他们不知道应该说些什么，又担心自己说出去的话会给他人留下把柄。

关于提高情商的说话技巧很多：委婉的暗示，能维护他人的自尊，让人欣然接受；幽默是交际场合的润滑剂，不仅能给自己和他人带来欢笑，还能巧妙地化解尴尬；恰当、真诚的赞美，可以缩短彼此之间的距离，融洽彼此之间的关系……那么，这些技巧，在面对人际交往时，怎么运用呢？

本书所讲的内容，包含了交际场中说话的技巧和禁忌，还会告诉你如何运用无声的语言，表达有声语言无法传递的思想和感情。相信这本书可以让你在提升说话能力的同时，冲破交际的心理障碍，带着自信和勇气，充满魅力、坦然无惧地应对身处的每一种情形，轻松获得你想要的朋友或者客户。

CONTENTS
目 录

第五章

化解冲突，情商高的人会化干戈为玉帛 // 107

第六章

反驳的话，情商高的人会迂回着说 // 129

EMOTIONAL INTELLIGENCE IS
THE ABILITY TO SPEAK

第一章

说好场面话，情商高的人
懂得尊重他人

若要人敬己，先要己敬人

德国著名哲学家亚瑟·叔本华曾说："当要尊重每一个人，不论他是何等的卑微与可笑。要记住活在每个人身上的是和你我相同的性灵。"

很多人因为得不到别人的尊重而苦恼，甚至心生抱怨，这时候，不妨想一想，自己是否做到了尊重别人。下面让我们来共同回忆一下《大山的回声》这个富有哲理性的小故事吧！

一个小孩子跟着妈妈到大山里玩耍。小孩子高兴地在前面跑，把妈妈远远地落在了后面。于是，小孩子回头大声地喊道："妈妈。"一个声音也学着他喊："妈妈。"小孩子问："你是谁呀？"对方也问："你是谁呀？"小孩子生气了，说："你讨厌！"对方也说："你讨厌！"小孩子愤怒地说："我恨你！"对方也说道："我恨你！"

这下，小孩子害怕极了。他跑回妈妈身边，扑到妈妈怀里哭起来。妈妈安慰他说："孩子，不要怕，那是大山的回声。只要你对它友好，它也就会对你友好。你再试试看啊！"

于是，这个小孩子再次来到山边，照妈妈说的做了。小孩子微笑地喊道："你好，我爱你！"大山也微笑地回应他："你好，我爱你！"

小孩子开心地笑了。

这个小孩子最终得到了大山友好的回应。同样地，在与人交往中，你播种什么就会收获什么，你给予什么就会得到什么。

安迪是一家制药公司的业务员。他的客户中，有一家大型平价药店，每次他到这家店里去的时候，总要先跟柜台的营业员寒暄几句，然后才去见店主。有一天，他到这家药店后，店主突然告诉他今后不用再来了，因为他不会再用安迪公司的药品了。安迪无奈地离开了药店，开着车子在镇上转了很久，最后决定再回到店里，把情况说清楚。

当安迪走进店里的时候，他像往常一样和柜台上的营业员打过招呼，然后到里面去见店主。店主见到他很高兴，笑着欢迎他回来，并且比平常多订了一倍的药品，安迪对此十分惊讶，不明白这是怎么回事。店主指着柜台前的一个男孩说："在你离开店铺以后，这个男孩走过来告诉我，你是到店里来的推销员中唯一同他打招呼的人。他告诉我，如果有什么人值得长期合作的话，那一定是你。"从此店主成了安迪最好的客户。

安迪的成功之处就在于他关心、尊重身边的每一个人。

当你用诚挚的心尊重对方时，对方也会给予你意想不到的微笑与尊重，从而营造出美好、和谐的人际关系。

贝克是一个很成功的商人。他经营着一个大的电脑销售公司，公司的生意十分红火，来自全国各地的订单像雪片一样飞过来。

一天，贝克在下班途中看到一个衣衫褴褛的台灯推销员，询问之后才知道，这位推销员接连几天一盏台灯都没有卖出去，根本没钱吃饭。贝克顿生一股怜悯之情，他不假思索地将100元钱塞到卖台灯的人手中，然后头也不回地走开了。

走了没几步，他忽然觉得这样做不妥，于是连忙返回来，并抱歉地解释说自己忘了取台灯，希望不要介意。最后，他郑重其事地说："您和我一样，都是商人。"

时间流逝，两年之后，在一个名流云集的社交场合，一位西装革履、风度翩翩的成功商人迎上贝克，十分感激地自我介绍道："您可能不记得我了，而我也不知道您的名字，但我永远不会忘记您。您重新给了我自尊，使我有勇气走出自卑，走向成功。我一直觉得自己是个衣衫褴褛的乞丐，没有勇气开口推销，直到您亲口对我说，我和您一样都是商人为止。"

这就是尊重的魅力。尊重的力量是无穷的，贝克恰当的行为举止、简简单单的一句话，使一个自卑的人重新树立起了自尊，重新找回了自信，走向了成功。与此同时，贝克也收获了尊敬。

身边的人就像土地，自己对别人的尊重就像种子，你埋下花籽，精心耕种，就会收获美丽的花朵；如果不付出辛劳，那么结果必定是杂草丛生或荒芜一片。这就是所谓的"种瓜得瓜，种豆得豆"。总之，在人际交往中，若要人敬己，先要己敬人。

说话锦囊

当你用诚挚的心尊重对方时，对方也会给予你意想不到的微笑与尊重。

肯定和鼓励，失败者成功的转折

当比赛的舞台放下结束的帷幕，鲜花和掌声朝夺冠者蜂拥而去；当一个项目画上结束的句号，功劳和奖金被领头人收入囊中……往往，很多人只看到了少数成功者，毫不吝啬地将自己所能想到的溢美之词全部赠送给了他们。但是，对于大多数也曾经辛勤耕耘的"失败者"，却未加以重视，甚至忽略了他们的存在。久而久之，曾经失败过的人也许以后就丧失了自信，没了斗志，一次次和成功擦肩而过。其实，很多时候，倘若你能适时鼓励或表扬一下，他们肯定会重新恢复自信，找回自我，成为一个成功者。

有一个青年刚刚从事保险业务，没有经验，他满怀热情地敲开一家家大门，迎接他的却都是冷漠拒绝。他一直敲了100多家，却一点儿收获也没有。他的自信心受到严重挫折，于是他决心不再干这项工作。他失望地走在大街上，打算回公司交辞呈。就在这时，不远处一对祖孙玩弹子的情景吸引了他的注意。那个小男孩一次次地弹击前面的弹子，但总是偏差，祖父在一旁耐心地鼓励道："就差一点儿了，再试一次就击中了，再试一次！"小男孩满头大汗地坚持着。

小男孩一次次充满自信地弹击着，那情景让他怦然心动。就在这时，那个小男孩高兴地欢呼着："击中了，击中了！"至此，青年兴奋起来，他似有所悟地说："我知道自己该怎么做了。"

他转身又向下一家走去。他一直敲下去，当敲到第201家的时候，终于做成了从业以来的第一笔生意。从此，他一发而不可收拾，业绩不断上升，后来成为部门经理。

由此，我们不难看出外部世界的刺激和面对刺激进行自我激励的力量。其实，生活原本处处存在着人生的哲理，不过粗心的人一时难以发现罢了。这个青年能触景生情，联系自己，从生活中读出了哲理，领悟了真谛，说服了自己，找到了方向，于是希望之光再次注入他的身心，召唤他重新上路，追寻下去。

1989 年，45 岁的斯科特·麦格雷戈在家里敲着键盘。他从屏幕前抬起疲劳的双眼，看见厨房那边妻子黛安娜和十几岁的双胞胎儿子克里斯和特拉斯正凑硬币准备去买牛奶。

这位父亲顿生负罪感，他走进厨房，伤心地说："不能再这样干下去了，我明天就出去找工作！"

"不能半途而废！爸爸。"特拉斯首先反对。克里斯进行补充："您马上就要成功了！"

两年前，麦格雷戈放弃了有保障的"顾问"职位去试着实现自己的一个"梦想"：他原来的公司是在机场和饭店向出差的企业人员出租折叠式移动电话的，但这些不能提供有详细记载的计费单。而没有这种"账单"，一些公司就以没有依据为由不给雇员报销电话费。现在急需在电话内装一种电脑微电路，以便记录每次通话的地址、时间、费用。

麦格雷戈知道自己的设想一定行得通，在家人的大力支持下，他开始物色投资者并着手试验，但这项雄心勃勃的冒险计划进行起来却遇到了一些挫折。

1990 年 3 月的一个星期五，全家几乎面临绝境。一位执法人员找上门，通知他们倘若下星期一还交不上房租，他们就只有去睡大街了。

麦格雷戈在绝望之中把整个周末都用来联系投资者。功夫不负有心人，星期天晚上 11 点，终于有人许诺送一张支票来。

麦格雷戈用这笔钱付了账单，并雇用了一名顾问工程师。但是忙碌了几个月后，工程师说麦格雷戈设想的这种装置简直是"不可能"！

到了 1991 年 5 月，家庭经济状况重新陷入困境，麦格雷戈只好打电话给贝索思——一家著名的电信公司。一位高级主管在电话里问了他："你能在 6 月 24 日前拿出样品吗？"

麦格雷戈脑中不由得想起工程师的话和工作台上试验失败后扔得到处都是的工具，他强迫自己镇定下来，自信地说："肯定行！"

他马上给大儿子克里斯打去电话——他正在大学读电脑专业，告诉他自己所面临的严峻挑战。

克里斯开始通宵达旦地为父亲设计曾使许多专家都束手无策的自动化电路。在父子二人共同努力下，样品终于设计出来了。6 月 23 日，麦格雷戈和克里斯带着他们的样品乘飞机到亚特兰大接受检验，终于获得成功。

现在，麦格雷戈的特列麦克移动电话公司，已是一家资产达数千万美元、在本行业居领先地位的企业。

在这个故事中，当父亲面对失败要放弃自己的设想时，儿子给了他无比的信心，让他相信自己能够取得成功。最终，麦格雷戈如愿以偿地实现了自己的理想。

一百个满怀信心和决心的人，要比一万个谨小慎微的和可敬的、可尊重的人强得多。一个人倘若拥有了信心，便是成功了一半。所以，请给予失败者一定的肯定和鼓励，让他们再尝试一次，也许你的态度就是他们走向成功之路的转折点。

说话锦囊

一百个满怀信心和决心的人，要比一万个谨小慎微的和可敬的、可尊重的人强得多。

有话好好说，好话更得好好说

子女犯了错误，父母狠狠教育，什么狠话都说，根本不顾及子女的感受……

下级做错了工作，领导狠狠批评，什么狠话都说，根本不顾及下级的感受……

双方沟通，交流的主说者有意无意表达了对听者的不屑，根本不顾及听者的感受……

这些完全不顾及对方感受的批评教育，会导致什么结果呢？

父母教育完子女，也许早忘掉了自己生气时说的狠话，可是，对子女的伤害却是久远的，不少孩子会对父母的话耿耿于怀，记一辈子。因为孩子最看重父母，最在意父母的话语……

领导批评完下级自己痛快了，可下级的自尊心、工作积极性会受到严重挫伤。消极怠工是小的，有可能就跳槽走人了……

主说者是交流中的强势群体，他说者无心，但听者有意，听者可能就不会再和对自己不屑的主说者见面了，主说者逞了一时的口舌之快，却可能失去了朋友……

不顾及别人的感受，说到底——是对别人的不尊重。

所谓顾及，其实就是一种经过思考，认为顾及别人会使事情顺利发展而采取的行动。这无疑是一种优良的品德。因此，在日常工作和生活中，我们应该多站在对方立场上思考问题，不要一味地只顾自己。

奕博是一家公司的职员，一次，他在饭店请一位生意上的伙伴吃饭。本来两个人聊得十分开心，可是服务员上菜时，一不小心把一些汤汁洒在了奕博的裤子上。服务员见状，立即找来餐巾纸为他清理裤边和鞋子，一边擦一边道歉："真是不好意思啊，我不是故意的，实在是因为不小心出了这样的错误，对不起，请您原谅。"

然而，脾气一向暴躁的奕博，非但没有消气，反而更加大声地斥责："作为一名服务员，难道连怎么上菜也不会吗？我的裤子和鞋子都很贵的，你怎么走路也不长眼啊！"

听了这话，服务员只好连连赔不是。可奕博却得理不饶人，非要找经理来算账，闹得整个饭店的人都朝他们那边看。

这时，他的合作伙伴说："谁都会犯错误，服务员也并非成心那样做，你何必这样不依不饶呢？本来我们还想跟你合作下去，现在看来，没有这个必要了。我认为，没有宽广心胸的人，在做生意的时候也不是一个可靠的合作对象。"说完，这位朋友起身离开了。

不懂得体谅、尊重他人的人，往往会以自己的利益为先，而根本不会想到去顾及别人的想法和感受。这样，不但得不到他人的尊重，还会导致很多事情无法顺利展开，甚至像故事中的奕博一样丢掉了自己的一单生意，这实在是得不偿失了。

就像"世界上没有完全相同的两片树叶"一样，由于生活环境的不同，人们的人生观、生活习惯等也不可能完全相同，我们不能用自己的习惯、思维、价值去批评指责对方，有话好好说，好话更得好好说，让说出去的话起到积极的作用。先学会顾及别人的感受，先学会尊重别人再交流吧，唯此，方可体现出交流的真正价值。

一天傍晚，在一个装潢简单却颇为雅致的餐厅里，一位父亲带着十一二岁的儿子来用餐。服务员端上饭菜，这个男孩对服务员道声谢谢后，便拿起汤匙大口大口地喝起汤来。

看到孩子贪婪的样子和喝汤发出的响声，父亲笑着提醒他说："舀汤的动作轻一些，喝汤时慢一点儿，这样就不会发出太大的声音了，在餐厅里弄出太大的响声是一种缺素养欠文明的表现。"

孩子不解地问："我既没把汤洒到桌上，更没溅到别人身上，怎还和缺素养欠文明扯上了关系呢？"

父亲耐心地启发孩子说："喝汤发出的响声会不会影响到邻桌，会不会让他人感到不舒服？这是我们要自觉注意到的问题。讲素养，讲文明，就是要处处顾及他人的感受，明白了吗？"

听了父亲的话，孩子顿悟地点了点头。

这位父亲的话语看似简单，却道出许多人忽视的道理：在现代文明的城市里，一个文明的市民理应顾及他人感受，留意自己的言谈举止是否影响了他人。之所以这样说，是因为在公共场所，个别市民漠视他人存在，不顾别人感受的行为会经常映入我们的眼帘：

不顾他人通行随意停车；夏天纳凉衣着不整甚至赤膊穿短裤穿拖鞋在街上招摇；践踏花草、随地吐痰、乱扔垃圾；在公共场所"吞云吐雾"等。这些只图自己方便、只顾自己需要却全然不顾他人感受的行为，损害了自身形象，给他人带来了诸多不便，既不道德，更有失文明。

　　小节之处显大德，细微之处见文明。一个人在公共场所，会不会注意到自己的言行举止给他人带来不良感受，看似是生活小节，却反映出个人的文明修养程度，而人们对一个城市文明程度的感受，也往往来自市民言谈举止这样的细节。如果每位市民都学会顾及别人感受，关注自己在公共场所的言谈举止是否影响了他人，或许我们就不会有那么多的随手之扔，就不会让自己的宠物随地方便，就不会驾车在斑马线上横冲直撞……

　　良言一句三冬暖，恶语伤人六月寒。如果每个人都收起自己言语的利剑，那么，我们的城市将多一分文明，我们与周围的关系将多一分和谐，我们的生活将多一分精彩。

说话锦囊

　　小节之处显大德，细微之处见文明。所谓顾及，其实就是一种经过思考，认为顾及别人会使事情顺利发展而采取的行动。

巧妙打圆场，替他人挡掉小尴尬

中国人对面子素来有着过分的追求，鲁迅先生曾说："面子是中国人的精神纲领，只要抓住这个，就像拔住了辫子一样，全身都跟着走动了。"那么，"面子"到底是什么呢？从根本上来讲，面子不是别的，其实就是角色期待，特别是自我角色期待的满足。

在与他人沟通交流的时候，"面子"显得尤为重要。人们处处怕失了面子，这也是中国人的普遍心理。

然而，面子难免会有"保不住"的时候。比如，在处理人际关系的时候，我们的朋友或爱人会因经验或能力的欠缺而面临尴尬的局面：或与客户争吵，或被领导批评，或被同级嘲笑，或遭亲朋好友盘问……此时，他都希望能保住面子，保持尊严。此时，如果我们能巧妙地打圆场，帮对方找到一个台阶，从而让他摆脱难堪的局面，那么，对方一定会从心底感激我们。

晴晴和小丁结婚好几年了，一直没有怀上孩子。不得已，两人去医院全面检查了一下身体，原来是由于小丁的身体出现了一些问题，需要治疗一段时间。

然而，他们不可避免地要面对家人和朋友们的盘问："什么时候生孩子啊？""年纪也老大不小了，该生了。"这些问题让小丁很尴尬，不可能挨个解释是他身体出了问题，况且这也是极隐私的问题，小丁可不想让自己成为别人闲聊时的八卦。

终于，晴晴想出了一个主意。每当身边的亲戚朋友问起生孩子一事的时候，晴晴就会笑着说："我现在不敢辞职，怕回家生孩子丢掉工作，再等等，跟陈慧琳、李嘉欣她们比，我还年轻着呢。"晴晴轻松的态度，让别人不再老是询问，也让小丁松了口气，很愿意配合治疗。

次年八月，晴晴和小丁终于造人成功。如今小两口的生活更甜蜜，有种苦尽甘来的喜悦。

故事中晴晴真正体会到小丁内心的尴尬与不安，于是借口自己工作忙不开身，从而帮丈夫小丁挡掉"身体有病而无法生子"这一小尴尬，不但巧妙挽回了丈夫的面子，保护了对方的尊严，还进一步增进了夫妻之间的感情，可谓一举两得。

交际中遇到尴尬的场面时，做到审时度势，准确把握双方的心理，然后运用说话妙方，借助恰到好处的话语及时出面打圆场，化解尴尬，维护交际活动的正常进行，就显得十分重要和宝贵，也确实是十分必要和值得重视的。

一次，林肯的一位朋友特地从俄亥俄州来拜访他，可是林肯正打算去一个军营视察。朋友远道而来，不好推脱；因为士兵训话，是他早已安排好的工作，必须要完成。

于是，林肯请这位朋友跟他一起外出，他们坐了很久的车，才到达那批士兵驻扎的军营。当他们走到士兵旁边的时候，士兵们热烈地欢呼了起来。

通常情况下，林肯的朋友应该选择避让才是，但是他却没有意识到。因为事情仓促，林肯事先也没有想起要告诉他的朋友在训话的时候避让。

正当林肯准备开始对士兵们训话时，军队的另一位军官走到林肯的朋友跟前小声提醒他，这个时候他应该后退。林肯的朋友听后突然醒悟，面色显得很苍白，非常尴尬。

站在一旁的林肯看出了朋友的窘迫，小声对他的朋友说："你确定是你应该退下吗？可能这群士兵根本不知道我们两个谁是总统呢！"

林肯的这两句话一下就把朋友的尴尬给消除了。

任何人都有获得别人尊重的欲望，谁要是让别人遭到言辞上的"非礼"，谁的事情就会难办。所以我们要注意维护对方的面子，给对方留有足够的台阶，也给自己留有足够的空间。

说话锦囊

> 审时度势，准确把握双方的心理，借助恰到好处的话语及时出面打圆场，化解尴尬，是十分必要和值得重视的。

审时度势，顺着别人的话题继续聊

人与人之间的交谈，如游湖泛舟，逆流而上，汗流浃背的同时也破坏了欣赏美景的心情；顺流而下，省力不说，还愉悦了身心。所以，审时度势，顺着别人的话继续话题，也是一种聊天技巧。

顺梯而下，是指依据当时有利的时机，只要有可能，不可更多地纠缠，应顺势而下，不需要特意地去找，自然而然，做得巧妙，不会引起他人的注意，自己依然保持着主动的局面。顺梯而下有以下两种表现。

1. 顺着对方的话题而下

有时候，一个话题要进行下去，可朝着多种方向发展，我们可以有意识地将话题引往有利于自己的方向，然后顺着话题及时撤出去。

在一次师生座谈会上，师生之间聊起了如何面对自己弱点的话题。会议进行得很温和，从不指名道姓，遇到要举事例的时候，也是以假设开始，诸如"假设你有什么弱点，你该怎么做"。可是后来会议特意留出了一定的时间，让学生就不懂的问题向在座的老师请教。一位同学站起来向一位姓何的老师提问："当一个人遇到了非常难堪的事情，他可以正视它、战胜它，但也可以逃避它，哪种方法更好些呢？"何老师首先肯定了这位同学合理的分析，说："正视它，战胜它！"这位同学接着又问："能不能问您一个隐私的问题……"正在那位同学还在犹豫该不该问时，何老师说话了："既然是隐私问题，就不好当着众人的面讲，如果你感兴趣，会后我们可以私下里谈谈。"

在这里，如果何老师让那位同学把话说下去的话，接下来肯定会使自己左右为难，不如顺着对方的话音，巧妙地撤出去，不在原来的话题上打转转。

那些毫无根据又极具挑衅性的提问总是会激起人们的反感，但是直接的指责反而会显得自己涵养不够。所以，我们不如根据对方的诘问，为自己编造一个更严重的罪责，嘲讽对方无中生有、不讲礼貌，表达我方对这种无凭无据的问题的极大愤怒和拒绝回答的态度。

一位记者向扎伊尔总统蒙博托说："您很富有。据说您的财产达30亿美元？"显然，这一提问是针对蒙博托本人政治上是否廉洁而来的，对于蒙博托来说，这是一个极其严肃的而易动感情的敏感问题。

蒙博托听后大笑着反问说："一位比利时议员说我有60亿美元！你听到了吧？"

记者用一句没有根据的传言来质问蒙博托是否廉洁，蒙博托没有被对方刺激得暴跳如雷，反而编出一个更大的、显然是虚构的数字来"加重"自己的"罪行"，以讽刺记者所提问题的荒谬与别有用心，间接表明了自己的清白，维护了自己的名誉。

家庭生活中，也难免有下不了台的时候，顺梯而下的方法也可适当利用。

小张有一次到朋友家做客，恰巧他们夫妻在挂一幅装饰画。丈夫问妻子："挂正了吗？"妻子说："挺正的。"挂好后，丈夫一看，还是有点儿歪，就抱怨说："你什么事都马马虎虎，我可是讲求完美的人。"做妻子的有点儿下不来台，见有人在场便开口道："你说得对极了，要不你怎么娶了我，我嫁给了你呢！"这一巧妙的回答，不仅挽回了面子，又造成了一种幽默的气氛，做丈夫的也感到自己失言了，以一笑来表示歉意。

2. 顺着他人解围而下

在谈话中，如果因为我们自己的难堪，造成整个气氛的不和谐，可能会有知趣的人站出来，及时替你解围，这时，就应该抓住时机，顺着他人解围及时撤出。

小明喜欢和他人诡辩，并且以此为乐事。一天将近中午吃饭时，小可深有感触地说："人是铁，饭是钢，一天不吃饿得慌。"小明接着说："这句话就不对了，据科学分析，人是可以饿七天的。"小可说：

"那你饿七天看看。"小明接着说:"这句话你又错了,你也可以饿七天的。"小可说:"我才没那么傻呢,只有疯子才干这样的蠢事。"小明又说:"历史上,很多当时被认为是疯子的人,后人把他们看作是伟人。"小明就这样无限地推演下去。哪知小可的个性淳朴,不喜欢这样饶舌,后来就有点儿无法忍受了。这时小明的好友小冬见状,凑过来说:"我们的小可最大的'优点'就是说错了话还不承认。"小可接过话头说:"小冬真是了解我。"说着对小明一笑,走开了。

当局面陷入尴尬,顺梯而下是解窘见效很快的方法之一,它能使人逃脱于无形,而让制造尴尬的人立即停止发话,可谓一箭双雕。

说话锦囊

> 顺势而下,不需要特意地去找,自然而然,做得巧妙,不会引起他人的注意,自己依然保持着主动的局面。

学会适时沉默,学会"袖手旁观"

肯耐心去听清楚对方在讲什么,想要表达什么,结局是如何,其实更能听明白一些道理。当你去打断别人说话时,除了对他人不够尊重外,也在培养自己一颗自以为是的心,一颗不能体恤他人心的心和一颗浮躁之心,如果这样久了以后,对自己的损害将是很大的。任何人在讲话时都不希望被别人打断,所以沟通中我们要学会耐心倾听。

插话是一个不好的习惯:别人正说得起劲的时候,你突然一插话,别人的思路被打断了,这必然引起对方的不满!因此,想要保证良好的沟通，少插话很有必要。

小莉去修车时跟人吵了起来，回到家就一股脑儿地向丈夫倾诉起来："我今天太倒霉了。去修车时，老板说油箱有问题，要收4000元。我告诉他一定是弄错了，我们买了保险。可他说保险里没这一条，修理工还调戏我，说什么漂亮女人就是不懂车。这太侮辱人了，于是我就和他们吵了一架。""他要收多少钱？"丈夫问。"你刚刚没有在听吗？"小莉有些生气。因为她只是想跟丈夫倾诉一番，来摆脱郁闷和烦恼。但丈夫突然插嘴，想分析孰对孰错，自己才没有这个心情和精力呢！小莉白了丈夫一眼，进了浴室，把门一关，自顾自地洗起澡来。丈夫被丢在客厅，还不知道是怎么回事呢！

丈夫在小莉烦躁的时候只需要耐心听她说完就好，可他却错误地插嘴询问，让小莉重新陷入了烦恼中。

在一些正式场合，随便插嘴是一种没有礼貌的表现。没有人会喜欢自己在谈着某件事、说到高兴处时，冷不防半路有人进来插话，因为插话会让说者猝不及防，思路从而被打断。

有一个老板正与一个客户谈生意，一位朋友突然造访。朋友在来时的路上遇上件新鲜事，就忍不住插嘴说："哇，我刚才在大街上看了一个大热闹，一大群人围着一个人和一条狗……"老板伸出手指示意他不要再说，而他却越说越起劲。客户见谈生意的话题被打断。就对老板说："你先跟你的朋友谈吧，我们改天再来。"客户说完就走了。老板的这位朋友乱插话，搅了老板的一笔大生意，让老板很是恼火。

　　老板的朋友在老板跟客户谈生意的重要时刻插话,让原本的话题无法继续,最终引起了老板的不满,看来插话真是要不得啊!

　　在日常交往中,随便插话不可取,随便插手别人的事情同样不可行。

　　小王歌唱得比较好,乐器掌握一般。小程的键盘和吉他水平都不错,而且还会作曲,但是歌唱得不好。所以,小王和小程就想组建一个组合,两个人优势互补,一定可以做出成绩。小程的朋友知道这件事后,对小程说:"唱歌好的人很多啊,你为什么偏要跟小王合作呢?我认识一个哥们,声音特别棒,要不你跟他交流交流吧!"小程没有说什么,但朋友非常热心,主动安排了两人见面。后来,虽然小程依然愿意跟小王合作,但这件事却让小王心里有了疙瘩,认为小程看不起自己,而且小程是因为找不到更优秀的主唱才选择的自己。因为心里有了芥蒂,两人之前的默契感再也没有了,他们这个组合表现平平,慢慢销声匿迹了。

　　每个人做事都有自己的想法、安排,外人随便插手,反而打乱了原有的计划,打断了事件的进程。

　　小森是一家软件公司的程序员,工作几个月以来,小森感觉越来越郁闷。领导常常在他工作进行到一半的时候,跑过来问:"干到哪一步了,下一步做什么?""还有多少没有做,搞不定就给我打电话。"这样常常打断了小森的思路,而且还有一种被人帮扶的感觉,让小森很是不爽!

　　要获得好人缘,想要让别人喜欢你,接纳你,就必须根除随便插手的陋习，在别人办事时千万不要乱"捣乱"。

总而言之，尽量不要打断别人的讲话。除非讲话成了"懒婆娘的裹脚布——又臭又长"。把时间拖得太久，或讲话受到众人起哄，或者讲话者口出狂言而旁若无人时，打岔才会显得必要。

说话锦囊

当你去打断别人说话时，除了对他人不够尊重外，也在培养自己一颗自以为是的心，一颗不能体恤他人的心和一颗浮躁之心。

不揭人之短，不触人之痛

弱点、缺点或污点，是每个人或多或少都有并且不愿被提及和讨论的东西，与人谈话时，一定要避开对方所忌讳的短处，如果在交际场合揭人家短处，轻则遭人冷眼，重则可能引发事端，祸及自身。

老任身材高大、外形俊朗，美中不足的是中年微秃。虽然这纯属白玉微瑕，老任却深以为憾。如果有人戏说他"怒发难冲冠"，他准会茶饭无味，三天三夜难以入睡；即使在他面前无意中说"这盏灯怎么突然不亮了"或"今天真是阳光灿烂"等话，这位平素温文尔雅的知识分子也会愤然变色，有时竟至于怒目圆睁，拂袖而去，弄得说话者莫名其妙，十分尴尬。

这使人联想到鲁迅笔下的阿Q。阿Q惯用精神胜利法安慰自己，因而少有耿耿于怀之事。别人欺他、骂他、打他，他都善于控制自己，心里很快会平衡，唯独忌讳别人说他"癞"，因为他头皮上确有一块不大不小的疮疤。只要有人当着他的面说一个"癞"字，或发出近于"癞"的音，或提到"光""亮""灯""烛"等字，他都会"全疤通红地发起怒来，口讷的便骂，力小的便打"。

其实，不仅老任和阿Q是如此，忌讳心理人皆有之。当过长工、后来揭竿而起并终于称王的陈胜就忌讳别人说他是庄稼汉出身。有几位患难弟兄在陈胜面前不知趣地提起"有损领袖形象"的往事，结果招来杀身之祸。你看，陈胜的忌讳心理是多么强烈，这几位患难弟兄因不谙忌讳之术而丢了脑袋又是多么可悲！

摩洛哥有句俗语叫："言语给人的伤害往往胜于刀伤。"这是实情。同事之间为搞好关系，不要揭人短处。

揭短的言语不论是对人或对事，都会让人受不了的，会使人际关系出现阻碍。同事们宁可离你远远的，免得一不小心被你的直言直语灼伤；即使不能离你远远的，也要想办法把你赶得远远的，眼不见为净，耳不听为静。

一天，在公司的集会中，张先生看到一位女同事穿了一件紧身的新装，与她的胖身材很不相称，便直言直语："说实话，你的这件衣服虽然很漂亮，但穿在你身上就像给水桶包上了艳丽的布，因为你实在是太胖了！"

女同事瞪了张先生一眼，生气地走开了，从此再也没有理过他。

揭短犹如一把利剑，在伤害别人的同时，也会刺伤自己。

俗话说"打人不打脸，骂人不揭短"。人既是最坚强的，也是最脆弱的。尤其是当一个人觉得他的自尊受到伤害，他将要颜面扫地时，他的潜能就会爆发出来，他会死要面子，死"扛"到底。因此，在说话交谈时，必须注意不能一味地揭他人伤疤。

传说清朝乾隆年间，杭州南屏山净慈寺有一名叫诋毁的和尚。人如其名，这和尚聪明机灵，又心直口快，常常议论天下大事，指点江山、激扬文字，少不了对一些朝政指指点点，而且有什么说什么，想讲就讲，想骂就骂。

后来，乾隆下江南时来到杭州，听说了此人。乾隆心中不悦，暗想：天下竟有如此狂妄之人，我去会会他，只要让我抓住把柄，我就狠狠地治治他。

于是，乾隆便乔装打扮一番，扮作秀才模样来到了净慈寺。

乾隆找到诋毁和尚，相互寒暄一番。忽然，乾隆看见地上有一些劈开的毛竹片，便随手捡起一片问："老师父，这个叫什么呀？"

按照当时的说法，这种竹片叫"篾青"，就是"灭清"的谐音。诋毁刚想回答，觉得有点儿不对劲，再看看眼前这位秀才，气宇轩昂，不像是个普通的秀才，于是眼珠一转，答："这个我们都叫它竹片。"

乾隆一听，心中赞叹：好个竹片，和尚你有两下子。但乾隆不甘心，随即将竹片翻过来，指着白的一面问："老师父，这个又是什么呢？"

"这个嘛……"诋毁心想，若回答"篾黄"又是"灭皇"的谐音，肯定不妥，便改口道："噢，我们管它叫竹肉。"

乾隆又失败了。

从这个小故事中我们可以看出诋毁和尚的机智。其实每个人都一样，如果多注意回避他人忌讳的东西，就能省去很多不必要的麻烦。

凡是弱点、缺点、污点，一切不如别人之处都可能成为忌讳之处。总结起来，有三方面一定要多加注意。

1. 丑陋之处

人人都有爱美之心，不幸的丑陋者和残疾者大多有自卑感，不愿听到跟自己的短处有关的话题。谢顶者忌说"亮"、胖子忌说"肥"、矮子忌说"武大郎"、其貌不扬者忌说"丑八怪"、跛子忌说"举足轻重"、驼背忌说"忍辱负重"等。这种完全正常的心理应该得到充分理解。

有生理缺陷的人本来就很痛苦，如果再被别人拿来取乐，会给他们造成很大的伤害，这样很容易激怒他们。比如有的人很胖、有的人很瘦、有的很高、有的又很矮、有的人长得很丑等。这些本是有目共睹的事实，别人不提也罢，但是如果以讥讽的口气当众指出时，就会使人难堪，产生不满。

报上曾有过一则新闻：一位女中学生，只因为有人说了她一声"胖女人"，羞愧之极，竟绝食身亡。

有时候，说话者由于不小心而在言辞中触及他人的生理缺陷，人家虽然当面没对你发火，但心里却在记恨你。

有些人因不明情况而在谈话内容中无意触到对方短处，还情有可原，因为不知者不为罪，可有人偏偏口下无德，爱揭人短处。

这种人，时时处处注意他人的生理短处，拿来取笑，可也要小心自己有把柄被别人抓住，后患无穷。即使伤了别人，对自己也不见得有多少好处，还是不说这类话为佳。

2. 失意之处

人生在世，总希望自己能一帆风顺、有所作为，实现人生的价值。但是月有阴晴圆缺，人难免有失意之处，或高考落榜，或恋爱受挫，或久婚不育，或夫妻反目，或就业不顺利，或职称评不上，诸如此类的失意之处暂时忘却倒也轻松，有人有意无意提起就使人心灰意懒，沮丧不已。万事如意、踌躇满志之人则多以昔日的失意为忌讳，生怕传播开去，有失脸面。

小赵是个热心肠的人，不管是朋友、同事或邻居，谁要有个三灾四难的，他总是跑在头里，帮人家出主意、想办法，排忧解难，从不计较得失，深受大家好评。但小赵有个缺点，就是爱打老婆。

有一天，邻居有夫妇俩因家庭琐事引发了一场战争，丈夫把妻子打得大哭大叫的，惊动了小赵。小赵虽然自己也打老婆，但他却看不惯别人打老婆。他进屋劝解，让他们夫妻有事好好商量，别采取这种过激的方式。谁知他刚说了两句，那个男邻居就让他走开别管，并说："你自己都管不了自己，还管我们的闲事呀！"这句话一下子触到了小赵的短处，他的脸当场变得通红，要不是在人家屋里，他非揍那个男人不可，他忍了忍回自家屋了。事后，男邻居认识到了那天说的话不妥，上门向小赵道歉，小赵表面上虽然原谅了他，但对那句话一直耿耿于怀。从此，那个邻居家无论有什么事小赵也不搭腔了。

3. 痛悔之事

人的一生中免不了要犯这样或那样的错误，而一旦认识错误便会痛悔之至，以后一想起自己曾犯过的错误就自觉脸上无光。犯过品质错误（如曾有偷窃行为或生活作风问题）者更是讳莫如深，如果听到有人说起类似的错误，就会有芒刺在背、无地自容之感。

在人生道路上人人都难免失足、犯错误，只要改了就好。有些问题一旦改正了，成了历史，当事人就不愿意提及这不光彩的一页，更不希望有人拿它当话把儿，到处去说。如果有人拿这些问题做文章，就等于在人家伤口上撒盐，就有损于人家的名誉，这也是不能容忍的。

有一位青年工人，小时候不懂事，曾犯过错误被劳教一年。从此他接受教训，参加工作后，他严格要求自己，积极工作，多次受到表扬，后来当上了车间的一个组长。可是有人不服气、不服管。有一次，小许在工作中私自外出被他发现，便提出批评。小许不服气，揭人家的短说："你是多大个官呀？还想管我？一个劳教释放犯，哼！"要是说别的他也许并不急，可是揭过去的疮疤他就急了，火气十足地说："你再说一遍！""我就说，劳教释放……"没等他说完，组长的拳头就打了上去。

"黄金无足色，白璧有微瑕。求人不求备，妾愿老君家。"与人交际，不管是有意还是无意，既不揭人之短，翻人污点，触人之痛，也要学会接受不完美之人。

说话锦囊

言语给人的伤害往往胜于刀伤，揭短的言语不论是对人或对事，都会使人际关系出现阻碍。

陷入尴尬，见风使舵也无妨

作为人际学大师，卡耐基对人际相处研究得很深入，也深谙人与人交往的奥秘。当听到很多学员都反映为处理人际关系而焦头烂额时，他总是告诉学员们一定要学会灵活地运用语言。卡耐基认为，不管是剑拔弩张的对决，还是轻松、惬意的交谈，抑或是口若悬河的演讲，只有恰到好处地掌握语言，才能让一切更加顺利。尤其是在说服他人的过程中。因为在说服他人时，我们不可避免地会与他人站在对立的立场上，所以即使我们再怎么设身处地地为他人着想、极力认可他人，也不能改变我们与他人的对立关系和态度。正因为如此，说服的过程中总会有很多突发的事情，导致情况瞬息万变。我们唯有学会"见风使舵"，根据实际情况决定自己接下来说些什么或者做出怎样的决定，才能更好地说服他人，从而达到事半功倍的效果。

作为一名医药代表，露西的工作就是拜访各家医院的医生，推荐他们使用她所在公司的新药。露西从最开始的总是被拒之门外，到后来成为最受欢迎的医药代表，也是费了一番功夫的。

说到露西的优点，最显著的就是"见风使舵"。当然，这里的"见风使舵"与两面三刀、言不由衷是不同的。简单地说，露西很会察言观色，总是能够根据千变万化的现实情况，做出最合理的选择。尤其是在与他人交流时，露西总是能把话说到他人心里去，而丝毫不会引人反感。例如，露西近来接连几天都在拜访同一家医院的同一位大夫。这位大夫是一位美女，每次见到露西都是板着脸，对露西的频频拜访无动于衷。露西没有放弃，在一天中午，她带着自己精心熬制的银耳羹来到医院。她笑着对这位和自己同龄的美女大夫说："美女，今天我不是来谈工作的，你不用赶我走，前几天，我看到你脸上有痘痘，就为你精心准备了我的败火利器——银耳羹。这个银耳羹可不是普通的银耳羹，因为煮银耳的汤汁是我精心熬制的冰糖雪梨汤，所以，这个特别败火。我每次只要痘痘一冒头，就喝一碗银耳羹，效果立竿见影，痘痘消失无踪。尝尝吧，保证你喝了还想喝。"看到与自己年纪相仿的露西如此细心，美女大夫也不能板着脸了。为此，她拿出自己的便当与露西一起分享。就这样，露西与美女大夫很快就打得火热。

后来，露西得知美女大夫已经怀孕两个多月了，赶紧表示祝贺，美女大夫却有点遗憾地说："唉，我的预产期是九月八日，要是早点生就好了，孩子可以早一年上学。"露西接口道："晚一年好啊，孩子更成熟，我跟你说，我家孩子的班级里有个孩子是八月三十一日出生的，明显呆头呆脑的。"这时，美女大夫笑着说："我就比其他孩子早两年上学……"露西有点尴尬，但是马上说："你可真厉害啊，早两年上学，居然还考上了医学院，这么聪慧的基因遗传给孩子，孩子将来得多么优秀啊！"美女大夫由衷地笑了，说："你的银耳羹真的很好喝，我会试着帮你推广新药的。"

如果你曾经接触过医药代表的行业，你就会知道这个行业的竞争多么激烈，而从业人员又承担着多么大的压力。幸好，露西有"见风使舵"的本领，不管推销对象说些什么，她都能应对自如。也正因为如此，她才能顺利地开展工作，并且取得骄人的销售业绩。

　　我们说话，不但要根据场合，也要针对特定的对象，更要区分话题。而即使在相同的场合，根据交谈对象的细微变化，我们也应该及时调整谈话的思路，这样才能说对话、说好话。

　　自古以来，人们就创造了很多关于说话的俗语，各种俗语虽然表达异同，但是道理却有异曲同工之妙。诸如，"会说说得人笑，不会说说得人跳"；有智慧的人说活话，一根筋的人说死话。再看看古今中外，大多数的成功人士之所以能够振臂一呼、应者云集，就是因为他们有着杰出的口才，能够以语言的魅力成功领导他人。

说话锦囊

　　学会"见风使舵"，根据实际情况决定自己接下来说些什么或者做出怎样的决定，才能更好地说服他人，从而达到事半功倍的效果。

EMOTIONAL INTELLIGENCE IS
THE ABILITY TO SPEAK

第二章

此时无声胜有声，情商高的人
注重外在形象

微笑是播撒快乐、收获友谊的种子

管理学家邹金宏有句名言："美好的微笑是道美丽的风景，人类有了它而备感温暖、祥和、幸福。"

我们时常会听到有朋友抱怨，说自己报以十分的坦诚，仍然不能交到知心的朋友，并对此困惑不解。其实，一个很重要的原因之一就是，在沟通的时候，缺少了微笑。

一位心理学家做过这样一个实验：

他给两个人分别戴上面具，希望找出微笑的魅力。这两个面具完全一样，都是没有任何表情的。心理学家问台下的观众："请大家告诉我，这两个人你们更喜欢哪一个？"台下一片寂静，大家都一脸淡漠，答案是他们谁都不喜欢。

心理学家看到这种现象，请台上的两个人把面具摘掉，以真容显露在舞台上。面具摘下后，其中一个人面带微笑，另一个人却愁眉不展。此时，心理学家问台下的观众："现在请你们告诉我，你们更喜欢哪一位？"

台下的观众都选择了那个面带微笑的人，没有一个人选择那个愁眉不展的人。心理学家通过研究发现，微笑的魅力是惊人的，面带微笑的人往往能受到大家的欢迎。

维克托·伯盖曾说："笑是两个人之间最短的距离。"即使是初次见面，如果你露出甜美的微笑，也会瞬间拉近彼此之间的距离。

因为微笑是一种平易近人的表现，是一种随和的表现，它会把你的这种形象深深印在对方的记忆之中，从而使交往的氛围更加融洽。

微笑是播撒快乐、收获友谊的种子，它像蒲公英一样，成熟时随风飘向各处，落地扎根后，长出漫山遍野的花朵。如果你是个不爱笑的人，没关系，从现在开始，坚持每天对别人微笑，相信过不了多久，每天，你也会收到同样的微笑，因为你的温暖点燃了别人的热情。与此同时，你得到的快乐也将是过去的几倍，甚至几十倍。

李先生刚买了一套住房，在一座大厦的22层，但是整座大厦只有一部电梯，电梯里的电梯员是一位40多岁的中年妇女。

李先生刚进入电梯，电梯员就冷冰冰地问他："去几层？"

听了这冷冰冰的话后，李先生的热情顿时没了，搬到新房的高兴劲也烟消云散了。可是，李先生知道，既然家已经搬到这里来了，以后难免天天要和这名电梯员相见。所以，他决定缓和一下气氛，和这名电梯员搞好关系，于是微笑着对她说："去22层。电梯里这么热，你一定非常辛苦吧？"

电梯员那张冷冰冰的脸被融化了，略带微笑地说："怎么不辛苦！在电梯里一待就是十几小时，空间这么小，空气质量又不好。"

李先生笑着说："难为你了。"

电梯员说："都是为了工作，这也是没办法的事。22层到了，回头再聊。"

李先生笑着说："谢谢你了，今后有时间到我家来坐坐。"

就这样，两个人的关系变得亲密了，之后电梯员在李先生面前再也不是以前那副冷冰冰的面孔了。

从此以后，李先生开始改变自己的观念，见了任何人都点头微笑，主动打招呼，人缘也因此变得越来越好了。

在节奏越来越快、竞争日趋激烈的现代社会，每个人每天大部分的时间都在忙碌，很少去交际，因此，人与人之间的距离越来越远。其实，越是这样，人的内心越渴望得到关怀。而微笑，又是一种无声的、能快速联络感情的语言，是真诚的写照，是建立人际关系的桥梁。所以每天，出门之前，和家人微笑告别；遇到邻居，微笑着打个招呼；见到同事，微笑着问候一句。

微笑为什么有这么大的威力？因为微笑背后传达了一个重要的信息：希望和对方成为朋友。微笑是对对方的一种肯定、认可和接受。

有一首歌："请把你的歌带回你的家，请把你的微笑留下。"微笑，可以消除彼此之间因陌生而产生的隔阂与尴尬，消除交流当中的阻碍，使氛围变得融洽，是传达诚意最快又最简便的方法，所以，请把微笑，作为人际交往的桥梁。

说话锦囊

微笑是一种平易近人的表现，是一种随和的表现，它会把你的这种形象深深印在对方的记忆之中，从而使交往的氛围更加融洽。

善于运用表情，辅助有声语言

表情对于说话有不容忽视的作用。表情复杂就复杂在有真假之分。例如在商谈工作的时候，对方笑嘻嘻地听取这方面的意见，完全表现出一副非常满意的表情，使得发言的人很安心地觉得交涉可能成功，可是最后依然是失败的结局。这就说明，为了正确"阅读"表情，我们首先要接受某种训练，学会如何从表情中正确判断对方的真正感情。如下这些表情是比较容易读懂的：蹙眉皱额表示关怀、专注、不满、愤怒或受到挫折等情绪；双眉上扬、双目张大，是惊奇、惊讶的表现；皱鼻，表示不高兴、遇到麻烦、不满等。

恰当地调动姿势和动作来帮助自己说话，会使你的表达更加富有魅力。身体语言能弥补有声语言的不足，它通过有形可视的、具有丰富表现力的各种动作和表情，协助有声语言将内容准确无误地表达出来。视听作用双管齐下，能给听者完整、确切的印象，辅助有声语言更好地表情达意。

一个会说话的人一定会是一个善用身体语言的人。一个会说话的人，他所用的不仅仅是他的嘴。在日常生活中，我们经常可以发现，有些人一开口，别人就静下来听；而另一些人讲话时，听众仍各干各的，甚至打断他的话。这种情况之所以出现，当然有许多复杂的原因，但其中有一个重要原因，那就是有的人懂得使用表情，使用眼、胸、肩等身体的各个部位来配合他的嘴来吸引人，而有的人却不懂得。试想一下，如果一个人在说话时只是嘴在动，而身体的其他部位是绝对静止的，他会对听众有吸引力吗？

1. 眉毛

眉毛的作用是保护眼睛，但它还能传递人心理行为的信息。人的心情变化了，眉毛的形状也会跟着改变。眉毛的动作，大致有五种表现。

（1）扬眉

当人的某种冤仇得到伸张时，人们常用"扬眉吐气"一词来形容这时的心情。当眉毛扬起时，会略向外分开，造成眉间皮肤的伸展，使短而垂直的皱纹拉平，同时整个前额的皮肤挤紧向上，造成水平方向的长条皱纹。扬眉这个动作，能扩大视野。但同时也要认识到，一个眉毛高挑的人，正是想逃离庸俗世事的人，通常会认为这是自炫高深的傲慢表现，而称为"高眉毛"。当一个人双眉上扬时，表示非常欣喜或极度惊讶，单眉上扬时，表示对别人所说的话、做的事不理解、有疑问。当我们面临某种恐惧的事件时，可以用皱眉来保护眼睛，也可以用扬眉来扩大视野，两者都对我们有利，但我们只能选择其一。一般的反应是：面临威胁时，牺牲扩大视野的好处，皱眉以保护眼睛；危机减弱时，则会牺牲对眼睛的保护，扬眉以看清周围的环境。

（2）皱眉

皱眉的情形包括防护性和侵略性两种。防护性的皱眉只是保护眼睛免受外来的伤害，但是光皱眉还不行，还需将眼睛下面的面颊往上挤，眼睛仍静开注意外界动静。这种上下挤压的形式，是面临外界攻击、突遇强光照射、强烈情绪反应时典型的退避反应。至于侵略性的皱眉，其基点仍是出于防御，是担心自己侵略性的情绪会激起对方的反击，与自卫有关。真正的侵略性眼光应该是瞪眼直视、毫不皱眉的。最常见的皱眉容易被人理解为厌烦、反感、不同意等情形。

（3）耸眉

耸眉指眉毛先扬起，停留片刻，然后再下降。耸眉与眉毛闪动的区别在于那片刻的停留。耸眉还经常伴随着嘴角迅速而短暂地往下一撇，脸的其他部位没有任何动作。耸眉所牵动的嘴形是忧伤的，有时它表示的是一种不愉快的表情，有时它表示的是一种无可奈何的样子，此外，人们在热烈地谈话时，会做一些小动作来强调他所说的话，当他讲到重要处时，也会不断地耸眉。

（4）斜挑

斜挑是两条眉毛中的一条降低，一条向上扬起，这种无声语言，较多在成年男子脸上看到。眉毛斜挑所传达的信息介于扬眉与皱眉之间，半边脸显得激越，半边脸显得恐惧。扬起的那条眉毛就像提出了一个问号，反映了眉毛斜挑者那种怀疑的心理。

（5）闪动

眉毛闪动，是指眉毛先上扬，然后瞬间再下降，像流星划过天际，动作敏捷。眉毛闪动的动作，是全世界人类通用的表示欢迎的信号，是一种友善的行为。当两位久别重逢的老朋友相见的一刹那会出现这种动作，而且伴随着扬头和微笑。但是在握手、亲吻和拥抱等密切接触的时候很少出现。眉毛闪动除了作为欢迎的信号外，如果出现在对话里，则表示加强语气。每当说话者要强调某一个词语时，眉毛就会很自然地扬起并瞬即落下。

2. 鼻子

在谈话中鼻孔稍微张大时，多半表示得意或不满，或情感有所抑制。鼻头冒出汗珠时，表示心理焦躁或紧张；如果对方是重要的交易对手时，必然是急于达成协议。鼻子的形状像鹰嘴，鼻尖向下垂成钩状，阴险凶暴，鹰鼻而眼深者生性贪婪不知足。鼻子的颜色整个泛白，显示对方的心情一定畏缩不前。鼻孔朝着对方，表示藐视对方，轻视别人。鼻子坚挺的人性格坚强，决定的事情一定要做到。摸着鼻子沉思，说明对方正在思考，希望有个权宜之计解决眼前的问题。

有位研究身体语言的学者，为了弄清这个"鼻子"的"表情"问题，专门做了一次观察"鼻语"的旅行。他到车站、码头、机场观察了一个星期。由此得出两点结论：第一，旅途是身体语言最丰富的表现区域。因为各种地区、各种年龄、各种性别、各种性格的人汇集在一起，而且都是陌生人，语言交流很少，但心理活动却很多，所以，大量的心态都流露于身体语言。他说："旅途是身体语言的试验室。"第二，人的鼻子是会动的。因此，鼻子是有无声语言的器官。他说，根据他的观察，在有异味和香味刺激时，鼻孔有明显的伸缩动作，严重时，整个鼻子就会微微地颤动，接下来往往就会出现"打喷嚏"现象。他认为，这些"动作"都是在发射信息。此外，据他观察，凡高鼻梁的人，多少都有某种优越感，表现出"挺着鼻梁"的傲慢态度。关于这一点，有些影视界的女明星表现得最为明显。他说，在旅途中，与这类"挺着鼻梁"的人打交道，比跟低鼻梁的人打交道要难一些。他的这次旅行观察，对于身体语言学，可能是个不小的贡献。

3. 嘴巴

嘴巴本身就是传递有声语言的器官，但它同时也传递一种无声语言。为什么呢？因为嘴是人身上最忙碌的部位——笑、哭、咬、舔、接吻、吃饭、吸吮、品尝、咀嚼、吞咽、咳嗽、说话、吼叫、抽烟等动作都要靠嘴巴来完成。人的生存需要通过嘴巴输送粮食，交流需要嘴巴说话。同时，嘴巴也是脸上最富于表情的部位——张开闭合、向前向后、向上向下、抿紧放松，这四种基本方式可以组成五彩缤纷的嘴部动作。

人的嘴巴一举一动能够鲜明地表现人的态度来。一个人口唇部分的变化，主要有几种情况：张开嘴而合不上，是个意志软弱的人；口齿伶俐，吐词清楚的人有一副好口才；人的嘴唇往前噘的时候，可能是防卫心理的表示；人在注意听某些话时，嘴唇两端会呈现稍稍拉向后方的状态；嘴角上翘，这种人豁达、随和，比较好说话，易于说服；下巴缩起的人，干活仔细，疑心病很重，容易封闭自己，不易相信他人；下巴高抬的人，性格骄傲，优越感、自尊心强，目光望向你时，常带否定性的眼光或敌意；说话或听话时咬嘴唇，对方在自我谴责，自我解嘲，甚至自我反省；口齿不清，说话迟钝，但意志坚定，见解不凡，此人必定才能出众；说话时以手掩口，其人性格较内向、保守，不敢过多暴露自己，还有一种情形，表示对方存有戒心，或者在做某种自我掩饰；关键时将嘴抿成"一"字形的人，其性格坚强，交给他的任务他一定能完成，不管付出多大代价。

罗曼·罗兰说："表情是多少世纪培养成功的语言，比嘴里讲得更复杂到千百倍的语言。"语言较多地显示着内在的思想和智慧，举止则更多地显露着外在的风度和形象。会说话的人善于通过自己的面部表情把自己的内心情感最灵敏、最鲜明、最恰当地显示出来；善于通过自己的面部表情对听众施加心理影响，构筑起与听众交流的思想情感的桥梁。

说话锦囊

一个会说话的人一定会是一个善用身体语言的人。恰当地调动姿势和动作来帮助自己说话，会使你的表达更加富有魅力。

眼睛是会说话的精灵

"双目炯炯有神"这句话是人们用来描述一个人精力旺盛、机敏干练的，从这句话可以发现"眼"与"神"之间的联系。眼睛里流露出来的光彩，人们即称之为眼神。眼神是人际交往中最能传神的非语言交往。人的眼神是通过眼睛的开闭张合、眼球的运动、瞳孔的舒缩、视线的变化以及眉毛的配合表现出来的。眼神有热情友好的、含情脉脉的、严厉苛刻的、慈祥的、和蔼的、凶恶的、胆怯的、坚定的、蔑视的等多种类型。

眼神能表现不同的姿态。炯炯有神的目光，是对事业热烈追求的表现；麻木呆滞的目光，是对生活心灰意冷的表现。明澈坦荡的眼神是为人正直、心怀博大的反映；狡黠的眼神，是为人虚伪、心胸狭窄的反映；故弄玄虚的眼神，乃是高傲自大的体现；神秘莫测的眼神，则是狡猾奸刁的体现。坚定执着的目光，是志怀高远的表示；

飘忽浮动的眼光，是为人轻薄浅陋的表示。似利剑出鞘，咄咄逼人的目光，是正派敏锐的写照；如蛇蝎蛰伏，灰冷阴暗的目光，是邪恶刁钻的写照。坦诚者目光似一泓清泉，悠然见底；英武者目光如电掣雷奔，波澜惊绝；典雅者目光似白云初晴，幽鸟相处；俊秀者目光如玉气藏虹，珠胎含月；妩媚者目光似春花始香，夏榴初笑；豪放者目光如天风波浪，海山苍苍……目光是多种多样的，它表达的情感也必然是多种多样的。

眼神能很好地表达出对他人的尊重与否。一般地，仰视表示尊重、敬畏之意，适用于面对尊长；俯视通常用于身居高处之时，既可表示对晚辈的宽容、怜爱，也可表示对他人的轻慢、歧视；而平视适用于在普通场合与身份、地位平等之人进行交往。因此，与人交往时尽量不要站在高处自上而下地俯视于人：面对长辈、上司和贵宾时，站立或就座应选择较低之处，自下而上地仰视对方，往往会赢得对方的好感。当对方缄默不语时，就不要看着对方，以免加剧因无话题本来就显得冷漠、不安的尴尬局面。当对方说了错话或显得拘谨时，不要马上转移自己的视线；否则，他会误认为是对他的讽刺和嘲笑。

眼神，犹如一面聚焦镜，凝聚着一个人的神韵气质。凡是亲耳聆听过周总理演讲的人，无不为他那刚毅、睿智的眼神所吸引，从中得到激励；凡是亲耳聆听过陈毅演讲的人，无不为他那英灼、敏锐的眼神所慑服，从中受到鼓舞。

切记，我们的一双眼睛时刻都在"说话"。互相正视片刻，表示坦诚；互相瞪视，表示敌意；乜斜着眼扫一下，表示鄙夷；正视、逼视，表示命令；不住上下打量对方，表示挑衅；低眉偷觑，表示困窘；行注目礼，表示尊敬、关注；白他一眼，表示反感；双目大睁或面面相觑，表示吃惊；眼睛眨个不停，表示疑问；眯着眼看，表示高兴或者轻视。

在说话进入正题的时候，对方时而移开目光直视远处，这表示他根本不关心你说什么；当你看到对方灰暗的眼光，就应该想到对方有不顺心的事或发生了什么意外的事情；而当你和对方交谈时，对方的眼睛突然明亮起来，则表示你的话触动了他的心灵和兴趣。对方瞪着你不放，嘴里却不由自主地说："唉，事到如今，听天由命吧！"这种态度表示自己的谎言或罪过即将被揭穿时，不由自主地显示出一种故作镇定的姿态。当某人内心正担忧某件事而无法真正坦白地说出来的时候，他也会有这样的眼语。这种眼语可理解为有自卑感，或对方正想欺骗你。在说话进入正题的时候，对方时而移开目光直视远处的话，这种情况不是他根本不关心你说什么，而是他正在思考事情。特别是你的伴侣，当你谈到严肃的话题时，她时常把眼光移向远处东张西望的话，可以判断，她内心正在进行着各种打算。

还有，如我们和上司打交道时，对其眼睛的观察，能够洞悉其内心的一切：上司从上往下看人，这是一种优越的表现——好支配人、高傲自负；上司说话时不抬头，不看人，这是一种不良的征兆——轻视下属，认为此人无能；上司久久地盯住下属看——他在等待更多的信息，他对下级的印象尚不完整；上司偶尔往上扫一眼，与下属的目光相遇后又向下看，如果多次这样做，可以肯定上司对这位下属还吃不准；上司友好和坦率地看着下属，或有时对下属眨眨眼，说明下属有能力、讨他喜欢，甚至在工作中出现的错误也可以得到他的原谅；上司的目光锐利，表情不变，似利剑一般要把下属看穿，这是一种权力、冷漠无情和优越感的显示，同时也在向下属示意：你别想欺骗我，我能看透你的心思；上司向室外凝视着，不时微微点头，这是糟糕的信号，它表示上司要下属完全服从他，不管下属们说什么，想什么，他充耳不闻。

和朋友接触或被介绍认识的过程中，可以以凝视对方稍久些的方式来表示自己的自信，也能给对方留下一个深刻的印象。

和别人碰面时，可以用把眼光移开的方式解决自己不自在的感觉，这么做可以减轻你所感受到的压力，同时也表示顺服，或承认自己地位较低。

当对方赠给你名片时，接过后一定要当着对方的面，认真看一会儿，这样做，对方会认为你是很尊重他的。

在交谈过程中，应注视对方的眼睛或面部，以示尊重。但当双方缄默无语时，就不要再看着对方；否则，将使对方更显尴尬。当别人说了错话或做了很不自然的动作时，盯着他的脸，或看一眼后马上转移视线，都会使人产生一种错觉，认为你在用眼光讽刺嘲笑他的感觉。

瞳孔的放大与缩小、眼睑的睁大与闭小，都是内心变化的反映。爱一个人时，瞳孔是放大的；气愤、厌恶、冷漠时，瞳孔是缩小的。专心致志地听，脸部肌肉放松，眼睑是睁大的；反感、不解时，眼睑又会闭小。

眼神接触也有不同含义。一般来说，听话或说话的人如果心中有鬼是不敢正视对方的。这在许多的电影镜头中也会看到。眼神接触少的人也可能是羞怯，但羞怯的是偶尔一瞥的目光，与歹人暗中观察别人的眼神全然不同。女性在交谈中喜欢观察别人；对方不说话时，她们会转移视线。男性则喜欢盯着别人，在对方讲话时会显出漫不经心的样子。据有人观察，交谈时注意的时间应在30%～60%之间。如果凝视时间过长，说明双方对人的兴趣超过了话语本身，如情侣间便是如此。

　　了解了眼神的准确含义，你就能在进一步的交谈时合理地运用目光，以增强交谈效果，减少误会。除去演讲，正常交谈时双方的眼神以水平位置相同或相近为好。因为俯视的眼神会给人盛气凌人之感，会使人产生自卑或抵触情绪。有人在办公桌前坐定，一边办公一边与人交谈，常使对方感到不快。交谈时还切忌斜视，斜视的含义贬多于褒。

　　恰如其分的眼神可以体现出一个人的道德、修养或情操。交谈时东张西望、左顾右盼最不礼貌。如果说话者如此，则反映出傲慢、缺乏交谈的诚意、修养欠佳；如果听话者如此，则反映出轻视、不专心，都会影响双方感情。谈话时应注意看着对方，但不必总是盯着对方的眼睛，以免使他手足无措。

　　语言表情中最重要的是眼神。黑格尔在《美学》中说："不但是身体的形状、面容、姿态和姿势，就是行动和事迹、语言和声音以及它们在不同生活情况中的千变万化，全部要由艺术化成眼睛，人们从这眼睛里就可以认识到内在的无限的自由的心灵。"在非言语信息的传递中，眼神具有特殊的作用。正直的人眼睛明亮，心术不正的人眼睛污浊。因此，你在与人交谈时，应该把自己的真诚、热情、感染力通过炯炯眼神传达给对方。这种眼神的交流对进一步的谈话是必不可少的准备。

说话锦囊

了解了眼神的准确含义，你就能在进一步的交谈时合理地运用目光，以增强交谈效果，减少误会。

小手势，大禁忌

手是人的第二张脸，在日常沟通中，我们不可避免地喜欢用一些手势来衬托、补充语言。但是，手势的运用一定要注意忌讳，只有合乎规范，才不至于引起是非。

有一则古老的笑话：一个异乡人向一位农夫问路。农夫的双手抱着一个西瓜，听到异乡人的询问后，便停了下来，把西瓜交给异乡人。异乡人抱着西瓜，感觉莫名其妙。这时，他看见农夫把两个手掌摊开，摇着头说："对不起，我不知道。"异乡人这才恍然大悟，对农夫道了谢，笑着走开了。

农夫本来就可以直接说："我不知道！"但是，他好像只有做了手势才能把这句话说出来！这个笑话充分地体现了手势的作用。

小明参加一个大型艺术公司的招聘。他本身擅长钢琴演奏，最近又学习了吉他，对音乐的理解更加深入，所以他对自己应聘器乐演奏这个职位很有信心。

公司经理对包括小明在内的12个应聘者首先进行了统一面试。面试结束后，小明和其他三个人被留下接受最终的考核。

小明排在第二位，第一位出来时面无表情，"看样子是没通过！"

小明心里窃喜，快步走进总监的办公室。总监很和蔼地让小明坐在沙发上，便开始跟小明聊天。总监谈论的都是乐器方面的知识，小明懂得很多，所以他的紧张感逐渐消失了，话也多了起来。当总监跟小明谈到钢琴的即兴伴奏时，小明的兴奋劲上来了。因为小明最擅长的就是即兴演奏，他能很贴切地配合歌曲本身，达到很好的效果。小明的话匣子一打开，就开始坐不住了，甚至想要站起来表达自己。他的双手挥舞着，食指一直对总监"指指点点"，而他自己却浑然不觉。总监看到小明这个样子，觉得很不舒服，于是委婉地对小明说："你的演奏能力我们的确需要考虑考虑，你回去等我们的通知，好吗？"小明的兴致被打断了，他感觉很突然，因为他觉得自己完全有能力胜任这份工作，但也没有别的办法，只好默默地退了出来。

过了几天，他去吉他老师那里上课。有不懂的问题时，他便用食指"指"着老师询问。老师注意到了他的动作，意味深长地对他说："小明啊，你说话时怎么能用手指指人呢，要知道这样会让对方很不舒服。而且在某些地区，用食指指人是"侮辱"和"看不起"的意思，以后可要注意啦。"

小明看着自己的手，很疑惑地说："咦，我平时都没有注意到呢，我一激动就容易这样，以后还真得改改啊！

下面列出一些手势禁忌：

1. 跷手指：跷小拇指表示贬低、较小、较差的意思。而用食指去指别人，会让对方感到很大的压力，而且还含有贬低、轻视的意味。

2. 挥手：两个人远远相见，挥手打个招呼，或者在分手时挥手告别，一般是手举过头顶，轻轻摆动。但是，在美国掌心向下挥动打招呼是唤狗的手势。所以，遇见美国人时一定要谨慎使用。

3.OK手势：拇指、食指相接成环形，其余三指伸直，掌心向外。OK手势源于美国，在美国表示"同意""顺利""很好"的意思，而在法国表示"零"或"毫无价值"，在日本是表示"钱"，在泰国表示"没问题"，在巴西则是表示"粗俗下流"，在突尼斯表示"无用"，在印尼表示"不成功"，在地中海国家常用来影射同性恋。

4.V形手势：这种手势是二战时的英国首相丘吉尔首先使用的，现在已传遍世界，是表示"胜利"。如果掌心向内，就变成骂人的手势了。在日常的沟通交流中，有效地利用手势，对加深彼此的关系是非常有帮助的。但是，有些手势是不能随便用的，如果不加以注意，很容易引起别人的误会！

说话锦囊

> 手势的运用一定要注意忌讳，只有合乎规范，才不至于引起是非和误会。

举止优雅，坐立有型

优雅的举止是人的外在魅力之一，从一个人的举止中我们可以窥到他的内心世界。举止仪态主要指动作姿态，主要包括站姿、坐姿和走姿三方面。一个人仪表美的核心内容就是举止美。举止不端庄，即使你国色天香，身穿绫罗绸缎，也会缺乏一种整体的和谐与内在的风度。

很多人在跟人交流中都会有一些小动作，即无意识的动作、手势和习惯，比如，掏耳、挖鼻或是剪指甲、打哈欠、剔牙、搔头皮、不断地颤动腿、扶眼镜等。我们应该尽量避免这些不雅的小动作，以免引起他人的反感。

玛莉是一名刚刚毕业的女大学生，这几天正忙着找工作。

一天，玛莉去一家大型企业应聘。一进门，玛莉高挑的身材和得体的着装就给主考官留下了不错的印象。接下来，进入正式面试的环节。玛莉回答问题虽然很流利，但她的坐姿实在不能恭维：随意地靠在椅子上，显得有点儿懒散。而且，玛莉自从坐在那儿就没有消停过，一会儿打个哈欠，一会儿晃动一下椅子，一会儿挠挠头，一会儿摆弄摆弄衣角……

主考官一脸不悦，草草问完了问题就结束了面试，玛莉一脸茫然地退了出来。

面试的结果可想而知……

后来，当玛莉看到自己的面试录像时，十分羞愧，觉得自己的小动作很是不雅，给主考官留下了极坏的印象。

一个不雅的小动作，也许会毁了你的整体形象，就像玛莉第一次应聘时，整体表现佳，却因不雅的小动作而被淘汰。因此，在人际交往中，要尽量避免不雅的小动作，以免影响沟通。

另一方面，我们可以通过观察他人的小动作来解读他人的内心世界，从而使自己更加善解人意。

戴维是一个性格豪爽的年轻人，待人诚恳，热情大方。

一天下班后，他到一位朋友家做客，由于聊得很愉快就忘了时间，眼看快到午夜12点了，朋友和妻子都有些疲倦了，可是看着兴致勃勃的戴维，他们实在不好意思下逐客令。朋友陪戴维聊天的同时，不停地看手表，妻子也困得直打哈欠。他们的这些小动作戴维都视而不见，继续高谈阔论。又过了半小时，朋友的妻子实在是忍无可忍，只得说："今天时间不早了，你明天不是还要上班吗？要不以后再找机会继续聊吧！"戴维意犹未尽，依依不舍地出了门。

第二天下班后，戴维又到朋友家去了，想继续第一天没有聊完的话题。朋友的妻子借口他们晚上有聚会拒绝了他。

在与人交谈的过程中，我们要善于解读别人通过小动作做出的暗示，若是戴维明白了这一点，朋友也不至于第二天拒绝他了。

中国是一个历史悠久的礼仪之邦，向来讲究举止优雅。举止的信息负载量远远超越有声语言，比有声语言更具有真实性。它们能够将有声语言所不能表达的情感很好地表达出来，甚至比有声语言更为生动、贴切。举止在传情达意方面的礼仪功能也不容忽视，站有站相，坐有坐相，才能给人以优美大方、朝气蓬勃的好印象。

说话锦囊

优雅的举止是人的外在魅力之一，能够将有声语言所不能表达的情感很好地表达出来，在传情达意方面的礼仪功能也不容忽视。

注重仪表，为形象加分

穿着打扮也是一种语言，这门语言，在人际交往中，有着不可估量的作用。外表是自己的形象，无论什么时候都要注意自己的

"这张脸"。

吉恩毕业于一所名牌大学，他成绩优秀，专业知识扎实，工作能力强，在生活中不拘小节，大家都很喜欢他。

只是吉恩有一个不好的习惯，他从不注意个人形象：头发总是乱糟糟的，整天穿着一身破牛仔、一双运动鞋。

一次，他去一家律师事务所面试，依旧是那套"行头"。

刚一见面，负责招聘的人便皱起了眉头，有些不悦。双方勉强谈了几句话后，招聘人员便下了逐客令："对不起，您的专业素质很高，能力很强，但我们不需要您这样的人。"

这次面试的惨败深深触动了吉恩。以前，在吉恩眼里，能力是第一位的，从来都没有给外表留过位置。这次以后，吉恩懂得了：得体的外表也很重要。

吉恩面试失败，不是因为他的能力不行，知识储备不够，而是输在了他"邋遢"的外表上。"乱糟糟的头发、一身破牛仔、一双运动鞋"，这就是吉恩的门面，让人感觉不礼貌、不严肃。

端庄得体的外表总能给人留下美好的印象，引起他人的好感。

北宋名妓李师师，第一次见宋徽宗时精心装扮，"远山眉黛长，细柳腰肢袅"，一下子就征服了这位风流皇帝。

当时的李师师已是名满京城，颇受仕子官宦的追捧。

宋徽宗对李师师早有耳闻：李师师喜欢凄婉清凉的诗词，爱唱哀怨缠绵的曲子，常常穿着素白色的衣衫，淡妆轻抹，一副"冷美人"的样子，招人怜爱。

一日，宋徽宗闲得无聊，穿了便装，化名赵乙去见李师师。李师师见权倾朝野如高俅都是下人打扮，便知来人身份不俗。一番精心装扮，更衬托出李师师的绝世姿容：鬓鸦凝翠、鬟凤涵青、素净淡雅、清纯脱俗，秋水为神玉为骨，芙蓉如面柳如眉，看得徽宗神魂颠倒、不能自已。

从此以后，宋徽宗就经常光顾李师师的青楼。

李师师之所以初次见面就深得宋徽宗的喜爱，是因为她得体的装扮，出水芙蓉般的气质，这让看惯了浓妆艳抹、珠光宝气的宋徽宗有眼前一亮的感觉。

得体的外表是一个人精神面貌的最好体现。同样地，对一个公司来讲，每一位员工的外在形象都是它的招牌和门面，也很重要。

某公司是世界知名的汽车销售企业，位居世界 500 强之列。公司的董事长十分看重公司职员的个人形象，他常挂在嘴边的一句话是："每一个员工的形象都代表着公司。"因此，他要求每一个职员在与客户谈生意前都要细细审视自己的穿着打扮：

1. 脸上有微笑没有？2. 妆化好了没有？3. 头发梳好了没有？4. 胡须刮了没有？5. 衣服有皱褶没有？6. 扣子扣好了没有？7. 裤子有折痕没有？8. 皮鞋擦过了没有？

看了上面的规定，也许您会明白该公司成功的奥秘吧！

在与人交往中，仪表非常重要，它反映出一个人的精神状态和礼仪素养，会给别人留下先入为主的第一印象。俗话说："着装打扮不是万能的，但打扮不好是万万不行的。"穿着得体，打扮适宜，自然会为你的交际能力加分。

说话锦囊

> 穿着这门语言，在人际交往中，有着不可估量的作用。
> 它反映出一个人的精神状态和礼仪素养，会给别人留下先
> 入为主的第一印象。

美貌不够，个性来凑

个性就是一个人在思想、性格、品质、意志、情感、态度等方面不同于其他人的特质。个性的内涵、外延十分丰富，它不仅仅体现在语言和文字上，而且还会体现在自身的气质、着装打扮、待人接物上，等等。个性对一个人的交际活动具有直接的影响。

在日常交际中，我们会发现：有的人虽只见过一面，却给别人留下长久的回忆；有的人尽管长期与别人相处，却从未在人们的心中掀起波澜。

穆尔是某公司的一名员工，他待人友善，但不爱说话，属于容易被人遗忘的角色。

周末，穆尔所在部门和另一部门相约爬山。一路上大家都很高兴，叽叽喳喳地说个不停，可不爱说话的穆尔却独自坐在一边，一言不发。到了目的地，大家互相搀扶着开始爬山，穆尔则默不作声地把吃的喝的都拎在自己手里。等到休息的时候，同事们总会讲些小故事、小笑话来解闷儿，穆尔依旧默不作声地给大家分发面包、火腿、饮料，然后悄悄坐到一边听大家的说笑。等大家休息好以后，穆尔又来做善后工作——收拾垃圾，一路上穆尔都在默默地为大家服务。

等到晚上回去的途中，其他同事都已经很熟络了，三三两两地结伴而行，可穆尔还是行单影孤的一个人。

年终公司全体员工会餐时，穆尔碰巧坐到了另一部门一起去爬山的一个女孩儿旁边，他跟那女孩儿打招呼，结果女孩儿的反应让他备受打击，她好像根本就不认识他。后来穆尔提到"上次我们一起去爬山"，那女孩儿才似有所悟地点了点头，说："哦，你就是那个一路上都不讲话的人啊？当时你太安静了，所以我对你没有太深的印象，不好意思哟！"听了女孩儿的话，穆尔的心情变得异常低落。

穆尔和其他同事比起来显得太安静，有些木讷，缺乏自己的特点，也难怪那个女孩子不认识他。在追求时尚、个性的时代，若是没有自己的个性特点，在交际中就很容易被对方忽视。

个性不只表现在谈吐上，也表现在着装上，所以口才一般的朋友不妨在着装上下点儿功夫，让衣着尽显你的品位和个性。

蒙哥马利元帅以他的"贝雷帽"著名。他在这种扁软羊毛质地的小帽上，缀上他指挥的队伍的队徽，还随时穿着一件套头衬衫，这一奇特的装束使得他看上去与众不同。他总是以这样的形象示人，哪怕是在战争最激烈的时候。官兵只要见到一位头上戴着缀着队徽的软帽、穿着一件套头衬衫的人，就知道是他们的司令官来了。

巴顿也一样，他特殊的穿戴是一顶闪亮的头盔，臀部两边各挂一把手枪，甚至在战场上还系着领带。艾森豪威尔穿着一件自己设计的短夹克，最后整个美国陆军都采用这种夹克当制服，而且名字就叫"艾克夹克"。麦克阿瑟也是一个有着鲜明特征的人。在第一次世界大战中，他还只是一个年轻的上校，他的制服就与众不同。他不穿盔甲，也不佩戴手枪。在第二次世界大战中，他不打领带的制服、金边帽子、大烟斗和太阳眼镜，都成为他的象征。

王充在《论衡》里说道："故富贵之家，役使奴童，育养牛马，必有与众不同者矣。"若是你没有倾国倾城的美貌、绝世独立的气质，那就让你的着装凸显个性，来吸引他人的眼球吧！

说话锦囊

> 个性不只表现在谈吐上，也表现在着装上，所以口才一般的朋友不妨在着装上下点儿功夫，让衣着尽显你的品位和个性。

EMOTIONAL INTELLIGENCE IS
THE ABILITY TO SPEAK

第三章

巧妙说服他人，情商高的人
善用攻心术

抛砖引玉，配角也是"好聊友"

每个人都想成为宇宙的中心和重心，因而，每个人潜意识里都想成为众人瞩目的焦点。既然如此，当我们想要与陌生人搭讪，或者与熟悉的人愉快地交谈时，不如就扮演那个最贴心的好朋友，每句话都恰到好处地说到点子上，给予对方更多的空间畅谈自己。如此一来，说得尽兴的人自然对你感激不尽，甚至觉得你是最适合成为朋友的那个人。

生活中，我们都看到过天平。在天平的两端，必须保持均衡，才能彼此牵制，让天平也处于平衡的状态。一旦加重天平任何一端的分量，天平马上就会失去平衡，发生倾倒。如此一来，天平就无法继续保持平衡的状态。在这个世界上，除了天平之外，还有很多事情都如同天平也需要保持平衡，如人与人之间的交谈。

在这次聚会上，小梦原本是觉得很枯燥乏味的。一张大圆桌旁围坐着将近二十个人，每个人之间都不是特别熟悉，因而很快就形成了小圈子，大家低头窃窃私语。好不容易等到吃完饭，小梦因为老板还未离开，因而只能无聊地坐在角落里的沙发上，等候着曲终人散。

这时，一位同是助理的男性走过来，与小梦搭讪。小梦觉得无聊，什么也不想说。但是男士显然很想交流，问小梦："女士，您的这条项链非常独特，我能问问是从哪里买到的吗？如果可以，我正想也买一条送给女朋友呢！"小梦听到男士不露痕迹的恭维，瞬间对他产生了好感，说："如果可以，我真愿意告诉你详细地址，但是我只知道是在印度，具体地点真记不清楚了。我想，你应该不会为了一条项链去印度吧？"男士笑起来，说："你可真幽默啊，和你成为朋友一定是件愉快的事情。那么，你能说说印度吗？我觉得你浑身充满让人耳目一新的异域风情，都是这条项链的功劳，当然这也表现了你的品位呢！"提起印度，小梦突然兴致盎然："印度很漂亮，也充满原始的野味。就像这条项链，虽然看起来很拙朴，但是就是有一股难言的韵味，我一眼见到就喜欢了呢！当时，我正在印度的集市上闲逛。你知道的，是那种民间的集市，不是专门对游人兜售的那种，大多数都是本地人在买日常用品。我看到这条项链怦然心动，不问价格就买了下来，似乎它就一直在静静地等着我呢！""你的裙子，和这条项链也很配。应该是棉麻质地的吧，我很熟悉这种质地，因为我的女朋友就喜欢这种质地的衣服呢！"听到这话，小梦眼睛一亮，欣喜地说："那你的女朋友一定与众不同。这种面料其实不那么光鲜，而是很低调，看起来也特别朴素，只有有缘人才会喜欢它呢！""没错，你一定也是低调的人。对了，你喜欢这种聚会吗？"小梦无奈地笑了，说："为了工作吧。如果可以选择，当然是拒绝。"男士理解地笑了，又问："去印度旅游需要注意些什么呢，你能介绍一下吗？当然，很辛苦你啦！"小梦当然很乐意了，她就如同打开了话匣子一般滔滔不绝，居然说到曲终人散了还意犹未尽。临别之前，男士感激地说："非常感谢你的详细介绍，我想有了你的建议，我等到有机会去印度旅行时一定会更加愉快！"小梦呢，则不无感激地说："真好，这个无聊的夜晚遇到了你这样的好朋友，让我过得非常愉快。我真的感谢你，不然这个夜晚是多么浪费啊！"

在这个事例中，因为男士主动充当了"好聊友"，始终都在让小梦充当主角说些关于自己的旅行见闻等，因而小梦不知不觉中认定了这位男士是非常有涵养的绅士，也是很好的聊天伙伴。为此，她对男士的印象简直绝佳。实际上，这一切都是因为这位男士非常聪明，刚开始时看出小梦不太愿意交谈，因而就让小梦成交谈的中心，主动给予小梦很多机会尽情地谈论自己。如此一来，小梦怎么能不高兴呢?!

毫无疑问，每个人聊天时都想更多地说起自己。如果你想成为受欢迎的交谈对象，那么在与他人聊天时，不如更多地成为抛砖引玉的人，让他人尽情地说说自己。其实，想要成为这种他人心目中的贴心好友非常简单，即尽量不要说"我"字开头的话。只要你真的去试，你就会发现朋友变得非常健谈，而且谈兴很浓。在交谈的过程中，每当你想说"我"时，就刻意地把"我"变成"他"或者"她"，一定会让朋友滔滔不绝地说下去。如此一来，即使是面对初次见面的交谈对象，你也会变得很受欢迎。

与熟悉的朋友在一起交谈时，我们因为彼此了解，更能够无所顾忌地畅所欲言。但是在与很多不熟悉的人交谈时，或者是与需要用心服务的客户、上司等交谈时，我们则不能一味地自说自话，而应该更多地关注和满足他人的心理，给予他人更多的机会讲述关于自己的事情。这样，你才能勾起他人的谈兴，从而从侧面更多地了解他人，为彼此的愉快沟通打好基础。

每个人都想博得他人的关注，如果你想取悦一个交谈对象，或者激起他的谈话兴致，那么最好的方法就是给他更多的机会，让他说说自己。能够把自己得意的事情说出来与人分享，如果再能得到他人的认可，一定是一种妙不可言的体验。当你借此机会给他人创造拥有这种体验的机会，你也就水到渠成地得到了他人的认可和赞赏。

说话锦囊

> 如果你想成为受欢迎的交谈对象，那么在与他人聊天时，不如更多地成为抛砖引玉的人，让他人尽情地说说自己。

投其所好，话题不请自来

每个人都有自己独特的饮食偏好，有人喜甜，有人爱咸，有人嗜酸，有人无辣不欢……不仅饮食如此，谈话也是如此。当对方偏爱的话题与你的话题恰恰重合，则你们俩一定能够聊到一起，且会聊个没完，意犹未尽。即使对方的偏爱话题里没有你所感兴趣的内容。那么你也可以根据这些话题成功调动对方的谈兴，让对方更加乐于与你交谈。

琳达看起来瘦瘦弱弱的，偏偏最喜欢美食。在日常生活中，她总是观看各种各样的美食节目，偶尔有时间出去旅游或者出国，也总是要找到当地的特色美食大快朵颐。又因为美食总是要走遍千山万水去寻找，所以琳达也特别喜欢旅游。不过，除了旅游和美食之外，琳达似乎没有其他特别的爱好。

有一次，几个朋友聚会，说起近来工作上的进步和变化，大家全都兴致高昂，唯有琳达默不作声地坐在一旁。见此情形，最了解琳达的薇薇说："琳达，怎么不说话啊！快来告诉大家，你最近又去了哪里旅游，找到了什么好吃的？"琳达突然两眼冒光，笑着说："我还真找到了好吃的。我跟你们说，等到你们去巴黎埃菲尔铁塔时，一定要去一家手工甜品屋吃马卡龙。这简直是我走遍世界吃到的最正宗的马卡龙，任何马卡龙都无法与之媲美。"一个朋友笑起来，说："埃菲尔铁塔居然成了你对马卡龙的坐标。"琳达笑了，说："唯美食与美景不可辜负也。"又有个朋友问："巴黎好玩吗？"琳达开始滔滔不绝地介绍自己在巴黎的见闻，当然，她也没有忘记穿插对美食的介绍。看着眉飞色舞的琳达，大家都笑着听她讲述。

　　对于琳达而言，她最偏爱的话题就是美食，其次是旅游。因而，当了解她的朋友看到她闷闷不乐地坐在一边时，就主动问起她最近吃到了什么美食，这一下子就打开了琳达的话匣子，让她的两只眼睛都冒起光来。对于熟悉的人，我们总是知道他们的软肋在哪里，也总是知道他们偏好什么话题，这就像是把握着一个人的晴雨表，很容易就能调动谈话的氛围，让对方兴高采烈地参与谈话。

　　在找到对方偏爱的话题之后，如果你拥有举一反三的能力，就会由此衍生出很多相关的话题，因而，你与对方谈话就总是不会冷场啦。当然，最好的情况是对方偏爱的话题里恰恰有与你重合的地方，这样你们俩就都会兴致盎然地聊个没完。

　　而对交谈，有人喜欢说猫说狗，有人喜欢说些家长里短的事情，有人关心国际形势和国家大事，有人则非常文艺范儿，总是说书说画……那么，想要做到与对方愉快交谈，我们首先应该找到最佳话题，这样交谈才能顺利展开。而想要找到最佳话题，最先要做的就是掌握对方的兴趣和偏好，做到投其所好，与其志趣相投。如此一来，交谈怎么会不热烈呢？

说 话 锦 囊

> 在找到对方偏爱的话题之后，如果你拥有举一反三的
> 能力，就会由此衍生出很多相关的话题，谈话就总是不会
> 冷场啦。

换位思考，驱散误解的乌云

人与人之间的误解，在很多情况下都是因为互相不了解情况。
而一旦误解越来越深，就会使人们的感情产生裂痕。在这种情况
下，最要紧的就是能够设身处地地为他人着想，从他人的角度出发
考虑问题，从而消除对他人的误解和埋怨。毋庸置疑，人际关系是
非常复杂和微妙的，想要营造良好的人际关系，我们就必须用心维
护友谊，也要学会很多相处的技巧。

乔乔和形形是大学时期的好友，也是真正骨灰级的闺密。在读
大学期间，她们不仅同吃同住，还经常轮流穿一条裙子，同学们都说
她俩像连体婴。大学毕业后，乔乔回到家乡的小县城当了一名小学老
师，形形则背起行囊独自去深圳闯荡。从此，两个好朋友天各一方，
只有形形回家探望父母时，她们才能匆匆地见上一面。时光荏苒，很
快，几年的时间过去了，乔乔和形形都到了谈婚论嫁的年纪。乔乔经
人介绍，认识了一个当公务员的男孩，很快就确定了恋爱关系，开始
准备结婚。形形呢，因为不甘心太早被家庭负累，还想继续打拼几年。

乔乔和男朋友都没有太多的钱，但是为了结婚，他们开始准备
买房。由于双方父母都是农村的，少有积蓄，因此即便两家都凑完了

所有的钱，乔乔买房还是缺 10 万元。思来想去，她突然想起彤彤说每个月的工资是七八千，因而想到要跟彤彤借钱。乔乔认为，一个月七八千收入的人和他们这种每个月两千多的人相比，怎么也算富翁了。不想，接到乔乔的电话后，彤彤显得很为难。她说："亲爱的，我要是说我月光，你信吗？""不信！"乔乔斩钉截铁地说，"你单身一人，怎么能花完那么多钱呢！"彤彤为难地说："我真的是月光，现在手里的钱只够我吃饭的。你不知道，大城市开销很大的。"乔乔有些不高兴地挂断了电话。从此，彤彤总觉得乔乔和她之间隔着些什么。等再次领到工资后，彤彤热情地邀请乔乔和男朋友一起来深圳玩，乔乔便把蜜月旅行安排在深圳。等到了深圳之后，乔乔才发现这里的生活和自己的生活完全不同。很难想象，彤彤只是租了一间三居中的主卧，每个月就要支付 2000 元的房租，这都快赶上她在老家一个月的工资了。再看看交通吧，每天到那么远的地方去上班，每个月的交通费都要好几百。而且，大城市的确诱惑很多，一件漂亮的裙子居然要一千多块钱。更别说一日三餐了，什么东西都特别贵。看着彤彤花钱如流水地招待他们，乔乔心中不忍，说："真是不来不知道，一来吓一跳啊。我觉得自己就像井底之蛙，之前想着你一个月七八千，使劲花，也能攒下来一半吧。现在看来，想要维持正常生活，再买两件漂亮衣服，真的就月光了啊！"至此，乔乔才彻底地谅解了彤彤没有借钱给她的事情，彤彤心中也终于释然了。

作为一直在小县城生活的乔乔，根本无法想象大城市的高消费、快节奏和强压力。为了解开乔乔心中的结，彤彤拿到工资之后的第一件事就是邀请乔乔来度蜜月。直到真正在深圳生活，乔乔才知道彤彤说的月光丝毫不夸张。至此，她也能够做到真正设身处地地为彤彤着想了。在生活中，我们很难真正了解和理解他人的生活，因而彼此之间经常产生误解。虽然我们总是把"设身处地"挂在嘴边上，但是如果缺乏相关的生活经验，则是很难做到设身处地的。正是因为清楚这一点，所以彤彤为了不失去闺密乔乔，只得狠心咬牙请乔乔夫妇二人一起来深圳度蜜月。她的方法很好，乔乔在切身感受深圳的生活之后，非常理解彤彤的拒绝，也很能感受彤彤所承担的压力。

对方反对你的提议，一般是因为他有自己的想法，如果他的想法尚有可取之处，最好的办法就是先表示认可，尽量了解对方是怎么想的。想要了解对方的心思，首先应该关注对方的心理变化。如此一来，我们才能站在对方的角度，换位思考。如果你想要对方接受你的建议，不要从一开始就试图兜售自己的观点。你要先接受对方的观点，并把自己的观点变成对方的观点，让他以为都是自己的想法。这样的话，让一个人接受自己的看法，一切都顺理成章了。

说话锦囊

想要了解对方的心思，首先应该关注对方的心理变化。如此一来，我们才能站在对方的角度，换位思考。

知己知彼，百战百胜

面对陌生人，如果想不被拒绝，并能顺畅、愉快地交流，就要充分地了解对方的心理和需求，以此作为切入点，便能很快找到共同的话题。

作为一名二手房销售人员,小鱼的业绩在公司里始终名列前茅。虽然刚刚毕业几年的时间,但是他在为人处世和工作方面,看起来都比同龄人成熟很多。尤其是在对待客户的时候,小鱼更是有自己的撒手锏。在一次经验分享会上,当同事们问起小鱼是如何把握客户心理时,小鱼轻描淡写地说:"其实,和客户相处并没有咱们想象的那么可怕。很多人把客户当成是自己的上帝,一看到客户就胆战心惊,是完全没有必要的。首先,我们是客户的置业顾问,为客户安家尽自己的能力,我们是服务于客户的。其次,我们先要做的并非是推销产品,而是了解客户。只有我们把客户当成朋友,在了解客户的基础上,做到与客户'共情',想客户之所想,急客户之所急,设身处地地为客户解决难题,客户才能够信任我们。比如有一次,一对年轻夫妇跟我看房子,妻子看上了一套三居室,但是丈夫却显得非常为难,觉得买三居室压力太大。这时,我就告诉客户说:'现代社会,生活和工作的压力的确很大。我是建议客户买房不要影响正常的生活,毕竟生活质量是很重要的。不过呢,如今房子涨幅很大,在有能力的情况下,最好还是一步到位,否则等到孩子长大了,需要换房了,却发现要多付很多钱。总之,买房一定要根据家庭情况,毕竟房子再大也不能保证一定会获得幸福啊!'听了我的话,原本和丈夫闹别扭的妻子不再纠结,决定先买两居室,因为他们买两居室就已经很吃力了。"

小鱼的经验分享,使同事茅塞顿开,他们终于明白,自己的销售业绩差,是因为只想到自己多挣提成,一味地给客户推销大房子,是因为"知己而不知彼",没有根据客户的需求和实际情况,做出最佳的推销方案。由此一来，因为自身经济条件的限制，客户只能放弃，另寻他人。

知己知彼，方能百战百胜。说服他人，就要与之产生共鸣。"话不投机半句多"，从对方的心理出发，展开话题进而说服，效果立竿见影。

说话锦囊

知己知彼，方能百战百胜。说服他人，就要与之产生共鸣。"话不投机半句多"，从对方的心理出发，展开话题进而说服，效果立竿见影。

"拖延"迂回，巧妙周旋

迂回的说话方式实际上就是一种拖延战术，目的就是找到沟通的最佳契合点，或者争取更多的时间使沟通得以顺利进行。当对方采取言语攻击，或者沟通不畅的时候，我们可以依靠迂回的说话方式，绕开原来所谈论的话题，巧妙躲过对方的言语攻击，突破沟通障碍，以此使沟通顺利进行。

在一次新闻界的餐会之中，美国总统艾森豪威尔应大家的要求站起来讲话。他说："大家都知道，我是个不善言辞的人。小时候我曾经拜访过一个农夫，我问这个农夫：'你的母牛是不是纯种的？'他说不知道，我又问：'这头牛每个星期可以挤出多少牛奶呢？'他也说不知道。最后，他被问烦了，就说：'你问我的我都不知道，反正这头牛很老实，只要有奶，它都会给你。'"艾森豪威尔笑了笑，对所有在场的新闻界人士说："我也像那头牛一样老实，反正有新闻，一定都会给大家。"此话一出，令大家哄堂大笑。

艾森豪威尔在这里就使用了迂回的说话方式，他并没有正面回答新闻记者的问题，而是兜着圈子告诉大家：你们没事别紧追着我问，反正我有新闻一定会给你们的嘛！言辞中得体地表达了自己对新闻媒体总是紧紧追问的反感，而且，迂回而又幽默的表达方式令在场的人都忍俊不禁，为整个餐会营造了愉快的氛围。

萧伯纳的名剧《武器与人》首演时，获得了极大的成功，他应观众的要求来到台前谢幕。这时候，有一个人在首座高喊"糟透了"。对于这种无理的语言，萧伯纳没有怒气冲冲，他微笑着对那人鞠了一躬，彬彬有礼地说道："我的朋友，我同意你的意见。"他耸了耸肩，又指着正在热烈喝彩的观众说道，"但是，我们俩反对这么多观众又有什么用呢？"台下顿时又爆发出更为热烈的掌声。

面对无礼者的言语攻击，萧伯纳并没有正面回应，而是巧妙地迂回，躲过了对方的攻击。而且萧伯纳在回答对方的过程中无论是温文尔雅的举动，还是幽默的言辞，都显示出一种平和的情绪，单单这平和的情绪就能压倒对方。

其实，在我们日常交际中，经常会或多或少地运用到迂回的策略。比如说话绕圈子，绕道而行；用比喻、影射的方法举例说明；讲故事、寓言；找出彼此之间的关系；采用游击战术，不正面产生冲突，拖延时间，静观其变，等等。那么，我们在使用迂回战术时应该注意哪些方面呢？

1. 保持平和的情绪

遭遇对方的言语攻击，我们需要做的就是切勿激动，学会控制自己的情绪。在这时候保持平和的情绪，会对反击对方十分有利，一方面可以表现自己的涵养，另一方面可以冷静、从容地思考最佳的对策。

2. 含蓄地表达

对他人无理的言语攻击，我们可以含蓄地表达自己的不满情绪，但不宜锋芒毕露，而是旁敲侧击，可使对方无"把柄"可抓，这样的表达方式更有效果。

3. 适当反击

面对他人的言语攻击，我们不仅需要巧妙迂回，保护好自己，而且还需要适当地反击，一下子击中对方的要害，使对方哑口无言，令对方刮目相看。

迂回，是一种战术，即当自己处于劣势的时候不直接与对方抗衡，而是采取你进我退，你退我进，巧妙周旋，从而躲过对方的进攻的策略。有人说，说话越简短越好，但是简短的语言并不是都得单刀直入地说，我们可以把话说得迂回婉转，既巧妙回避了对方尖锐的问题，又一针见血地表达了自己的想法，如此一来，将有效地影响他人的心理。

说话锦囊

依靠迂回的说话方式，绕开原来所谈论的话题，可以巧妙躲过对方的言语攻击，突破沟通障碍，以此使沟通顺利进行。

欲晓之以理，必先动之以情

心理学家指出："情感如同肥沃的土地，道理好比种子。没有情感的沃土，道理的种子再好，也发不了芽。"我们在说服对方的时候，更需要以情动人，否则，即使你说再多的道理，对方仍然不为所动。

在与人相处的过程中，情是最能打动人心的，正所谓"欲晓之以理，必先动之以情"。一般情况下，当我们与他人展开交谈的时候，彼此都会产生一种防范心理，双方都不为所动。这时候，你想要说服对方，就需要消除对方的防范心理。

罗斯福是美国第26任总统，他是一位善于用情说话的人。有一次，他仆人的太太问总统："鹌鹑鸟长什么样子？"仆人太太从没有见过鹌鹑鸟，于是，罗斯福总统详细地为她描述了一番。过了很长一段时间，罗斯福突然打电话给仆人太太："在你窗口外面恰巧有一只鹌鹑鸟，你往外看，可能还看得到。"每次，他经过仆人的小屋，就算看不到人，也会轻声地叫出："呜，呜，呜，安妮！"或"咆，咆，詹姆斯！"这是他路过时一种友善的招呼方式。

实际上，罗斯福总统之所以能成为美国伟大的领导人之一，就是因为他在运用语言时善于以情动人，而不是以权压人。他在做报告或者讲话的时候，善于运用朴实无华的语言，亲切入耳，具有较强的感染力，从而赢得了人们对他的喜爱。

那么，在沟通中，我们怎么做到"用情说话"呢？

1. 话语中注满真诚

谚语说："真诚贵于珠宝，信实乃人民之珍。"想要自己说出的话语能够打动对方，就需要在话语里注满真诚，只有真诚才能打动人。如果你仅仅依靠几句花言巧语或者虚情假意的表达，反而令对方心生厌恶。

2. 把话说到对方的心里

人都是有感情的，说话能做到动之以情，晓之以理，就是最完美的沟通。我们在说话时要注意对方的反应，学会从对方的反应中修正自己的话语，尽可能把话说到对方的心里。把话说到对方的心里，才能真正地打动对方。

3. 站在对方的立场说话

如果你在说话时总是想着自己，这样说出来的话是不会有感情的。因此，我们应该处处为他人着想，站在对方的立场说话，这样说出的话才有感情，才能打动对方。

从一定程度上说，防范是一种潜意识的自卫心理，也就是当我们把对方当作假想敌时所产生的一种自我保护。而消除对方这种防范心理最有效的方法就是以情动人，通过那些充满真情的话语使对方感到你是朋友而不是敌人，用真情去瓦解对方筑起来的"防范墙"，继而有效地影响其心理。真情，也可以是嘘寒问暖，可以是予以关心，可以是予以帮助等。所以，我们在日常交际中，要善于用情说话，使对方无法抗拒。

说话锦囊

> 情感如同肥沃的土地，道理好比种子。没有情感的沃土，道理的种子再好，也发不了芽。

树怕剥皮，人怕激气

孟子说："一怒而天下定。"将激将法用到沟通中，如果运用得巧妙，往往可以让人改变原来的立场，化解分歧，达到目的。

诸葛亮就是用激将法来说服周瑜和他们联合起来一起抗击曹操的。

当时曹操正率领大军南下，刘备根本无法与曹军抗衡，于是派出诸葛亮去东吴游说，希望得到东吴的帮助。

周瑜掌管着东吴兵马大权，诸葛亮深知想要得到东吴的帮助，首先要说服周瑜。但是周瑜和东吴方面都不想跟曹操发生战争，所以，诸葛亮打算用计谋说服周瑜。

在鲁肃的陪同下，诸葛亮见到了周瑜。周瑜听鲁肃汇报完当前的军事情况后，说道："在这种情况下，我认为应该投降曹操。"周瑜如此回答，也是为了试探诸葛亮的反应，想摸清诸葛亮来东吴的真实意图。

诸葛亮十分清楚周瑜的目的，他笑了笑说："东吴其实火可不必担心，你们只要把大乔、小乔两位美女献给曹操，曹操的百万军队自然就会无条件撤退。"接着，诸葛亮又高声朗诵起曹植写的《铜雀台赋》，"从明后以嬉游兮，登层台以娱情。见太府之广开兮，观圣德之所营。建高门之嵯峨兮……"朗诵完《铜雀台赋》之后，诸葛亮解释道，"这首赋是曹操在漳河修建铜雀台时，他的儿子曹植为了赞美父亲而作。这首赋的意思是说：在漳河如此风景秀丽的地方，修建了这座金殿玉楼，可谓是美之至极，一定要将东吴的大乔、小乔两位美女藏于此地。我想，对吴国来说，牺牲大乔、小乔来换取国家平安，就像是将两片叶子从大树上摘下来一样。所以，你们不妨将大乔和小乔送到曹营，这样，根本不用将军操心就能将问题解决了。"

周瑜听到诸葛亮的话后，勃然大怒，他将酒杯狠狠地掷在地上，大声骂道："曹操这老贼，实在是欺人太甚！"随后，诸葛亮趁机向周瑜分析了天下的形势，更加坚定了周瑜抗曹的决心。第二天，周瑜便向孙权请战说，"主公只要授予臣精兵数万来攻打夏口，臣必定能大破曹军。"由此，诸葛亮成功地联合了吴国。

需要注意的是，激将法并不是简单的讽刺或者挖苦对方，而是要"别有用心"地使用刺激性语言来激发对方的斗志和勇气，从而达到激将的目的。

陈川是某初中二年级的班主任。他班里的学生都是十二三岁的少年，让他们课间安静地在教室看看书，真是件难事。

只要一下课，一部分学生立即冲出教室，在走廊上追逐、打闹，惹得许多人心生不满。

在这群爱追逐疯打的"团体"中，有一个学生特别突出，名叫小欢。小欢特别活跃，除学习以外，其他的事情他都喜欢。只要下课铃一响，他就第一个冲出教室，先在走廊上跑一圈儿，再围着教室跑一圈儿。为了让他的学习成绩尽快赶上来，陈川多次对他进行批评教育，但效果不佳。

有一天，小欢又犯错误了，陈川把他叫到办公室，说："通过老师对你的观察，认为你永远不可能在课间安静地坐在教室，更别说学习了。"小欢沉默了片刻，说："老师，我觉得我能做到。"陈川又说："我对你的话没信心，因为教育了你这么多次，你一点儿没听进老师的话！若你真能做到，每天给你加操行分2分。"小欢听后立即兴奋起来，并说："老师，你等着瞧，我一定能做到！"

第二天，陈川下课之后，立即站在教室门口观察小欢，只见小欢端正地坐在座位上，什么也没做，眼睛却在四处搜寻老师。

这样坚持到了第三天，小欢坐不住了，开始在教室走动。见此情景，陈川把他叫回座位，告诉他可以在下课时看有益的课外书。接下来的几天，小欢都能安静地坐在座位上看书，陈川看在眼里喜在心头。后来，小欢开始利用课余时间学习，成绩有了明显的进步。

陈川利用激将法激发了小欢的上进心，最后收到了很好的效果。

俗话说："树怕剥皮，人怕激气。""遣将不如激将。"一激之下，往往会达到意想不到的效果。使用激将法时，首先要注意自然巧妙地进行引导，切记不可牵强附会，否则会弄巧成拙，适得其反；其次，还要看对方的个性和当时所处的环境，并不是所有的人都适合用激将法，所以激将法不可滥用；最后，一定要把握好分寸，操之过急则无法达到激将的目的。

说话锦囊

将激将法巧妙地运用到沟通中，往往可以让人改变原来的立场，化解分歧，达到目的。

巧用反问，打破僵局

所谓反问，就是用与事实完全相反的表述再加上强烈的语气进行提问，其最大的作用就是能够激起对方的交谈兴致，让原本对谈话失去兴致的交谈对象，再次生发谈兴。有些交谈对象总是假装清高显得孤冷高傲，貌似根本不想交谈。但是，一旦你用反问句提问，激他让他不得不说，则他必须得说，否则就会承担误解。由此一来，他就从我不想说，变成了我一定要说，甚至别人拦都拦不住呢。

在家具市场，齐豫看中了一套橱柜。看到她转来转去左看右看，原本在远处的导购小姐走了过来，问："女士，对于这套橱柜，您有什么想了解的吗？"齐豫说："价格多少呢？有折扣吗？"导购小姐回答："这套橱柜原价 9999 元，现在打折之后，是 7888 元。"齐豫犹豫了一下，说："这么贵?!"导购小姐解释说："我们这个品牌的产品，都是用料最好的。其他品牌的橱柜，这样一套也要九千多元呢！"齐豫脱口而出："但是人家打折之后只要五千多元啊，你们足足贵了两千多元呢！"导购小姐笑着说："一套橱柜，居然打了对折，您敢买吗？"听到导购小姐的反问，齐豫突然语塞，说："我就是相中你们家的，所以才问你价格的。"导购小姐笑了，说："是的呢，一看您就是个识货的人。那些四五千块钱的橱柜让您买您肯定也不敢买。常言道，买的没有卖的精，没有人会做赔本的买卖。您就踏踏实实看我家的橱柜，肯定质量是没有问题的。齐豫思来想去，又与导购小姐磨了很久，终于得到了一个懒人沙发作为赠品，买了这家的橱柜。原本，当齐豫说出其他家橱柜的价格时，导购小姐似乎不占优势了。但是，导购小姐思维敏捷，马上就以一句反问，把问题抛给了齐豫。一套橱柜，居然打了对折，您敢买吗？"这句话铿锵有力，掷地有声，让原本犹豫不决的齐豫，马上决定就买这个信心满满的导购小姐推荐的产品。由此一来，导购小姐轻而易举地做成了一笔生意。

谈话陷入僵局，无疑是一个非常尴尬的时刻。在这种情况下，我们必须想点儿办法，顺利打破僵局，才能让谈话顺利地进行下去。否则，难堪的沉默时间太长了，就会导致谈话的氛围怪怪的，再也无法恢复最初的和谐融洽。想要打破僵局，可以调转话题，也可以使用反问的提问方式，吸引对方的注意力。

用逆向思维提出反问，语气比平铺直叙要强烈很多，表达效果也是成倍增长。因此，如果我们在谈话中处于劣势时能够适当地提出反问，也许就能扭转局势，甚至达到意想不到的效果。

说话锦囊

反问语气通常强烈，所以要把握好度，否则过于激烈导致双方关系紧张，就得不偿失了。

表达崇敬之情，让对方不好意思负你所望

心理学家认为：对方心理上的亲和，实际上就是接受你意见的开始，同时，也是转变其态度的开始。由此可见，想要在求人办事中获得成功，我们应该给予对方真诚的赞美，而对方定不会负我们

所望，最终达到我们的目的。

日本加藤清正家的老臣阪田觉兵卫是一位勇猛又擅长军略的武将，但在加藤清正去世、宗族被追加了爵位后，阪田觉兵卫却辞官，在京都过起隐居的生活。有一次，他对别人说："我第一次在战场上建功时，目睹了许多朋友因战殉职。当时，心想这是多么可怕的事情，我再也不想当武士了。可是，当我回到营里，加藤清正将军夸赞我今天的表现，随后又赐给我一把名刀。这时，我不想当武士的念头被打消了。后来，每次上战场，我总是有"不想再当武士"的念头。可是每次回到营里时，总又会受到夸赞和奖赏。周围的人，都以钦美的眼光看我。所以，我的心意一次次地动摇，总是没能达成我的心愿，也就一直服侍清正公。现在想来，清正公真是巧妙地'利用了我'。"

即便是阪田觉兵卫这样英勇的士兵在面临战争时也会害怕，心中有不想当武士的念头。但是，在加藤清正的赞美之下，他把自己的一生都贡献给了国家。加藤清正的高明之处就在于，通过对武士的真诚赞美，留下了阪田觉兵卫这样一个忠勇的部下，并心甘情愿为其效力。

科劳德是毕加索的小儿子，他的母亲弗朗索瓦兹·吉洛特非常喜欢绘画，一进画室便不希望被别人打扰。一次，儿子想让妈妈带他出去玩，可吉洛特已全身心投入绘画上，听到敲门声和儿子的喊声，只是回应了一声"哎"，之后又接着埋头作画。过了一会儿，儿子又说："妈妈，我爱你。"可得到的回应也只是："我也爱你呀，我的宝贝儿。"门却没有打开。儿子又说我喜欢你的画，妈妈。"吉洛特高兴了，她答道："谢谢！我的心肝，你真是个小天使。"可是门仍然没有打开。儿子又说："妈妈，你画得太好看了。"这时吉洛特停下笔，却没有说话也没有动。儿子又说道，"妈妈，你画得比爸爸画得还好。"听了这话，妈妈把门打开了，并答应带儿子出去玩。

刚开始的时候，无论儿子怎么央求，妈妈都不为所动，当儿子说出"妈妈，你画得比爸爸还好"这样的赞美之词后，妈妈的心被打动了。虽然，吉洛特的画显然比不上绘画艺术大师毕加索，但那句赞美却说到了妈妈的心里她又怎么忍心拒绝呢？

每个人都喜欢听赞美的话，谁也不能免俗。这是因为每个人都有一种渴望被尊重的心理需要，而赞美会使对方的这种需要得到极大的满足。赞美他人意味着认定了对方的价值，这时候，对方通常都会喜不自胜，在这样的心理基础之上，你再提出自己的请求，对方自然就会爽快地答应。

1. 给对方戴一顶"高帽"

在求人办事的时候，需要适时给对方戴上"高帽子"，比如"最近你的皮肤变白了""最近你的工作表现很优秀"等。令对方心情愉悦，之后再提出自己的要求，大部分情况下都不会遭到拒绝。

2. 从细微之处赞美对方

虽然每个人都有一些公认的优点或长处，不过，为了体现自己的"特别关注"，我们应该尽量从细微之处赞美对方，令对方产生被重视、被尊重的感觉。比如"你这衣服真好看""只错了一点点，你就重新写了一遍，真认真啊"，这会令对方有意外之喜。

3. 肯定对方

当我们在肯定对方的时候，实际上就是暗示对方具备某种能力，然后对方就会按照这种能力要求自己，最终他们的行为会达到你所期望的目标。

赞美对方是一种有效的情感投资，而且投入少，回报大，这是一种非常符合经济原则的行为方式。赞美同事，会令同事更乐意为你整理文件；赞美上司，会令上司更加重用你；赞美下属，会令其更加乐意为你效劳。真诚的赞美，会令对方获得心理上的愉悦，开心之余定会答应你所托之事。当然想要对方帮你办事，为你效劳，就要给予真诚的赞美，只有真诚的赞美才有感染力，如果你只是虚情假意或者讽刺挖苦，对方不仅不会帮助你，反而会厌恶你。真诚的赞美是发自内心的，是心灵的呼唤，只有真诚的赞美才能收到好的效果，才能使对方受到感染，愿意伸出援助之手。

说话锦囊

赞美他人意味着认定了对方的价值，这时候，对方通常都会喜不自胜，在这样的心理基础之上，你再提出自己的请求，对方自然就会爽快地答应。

适时示弱，避免因刚而折

在日常交往中，我们往往习惯于向别人展示自己的强项、长处和优越，然而很多时候，放低位置、降低姿态、有意示弱，却能收到令人惊喜的效果，为你的交际增辉添彩。在与人交流时，巧妙示弱则会让别人在不知不觉中就范，从而赢得他人的同情，达成自己说服别人的目的。

马尔辛利刚任美国总统时，指派某人做税务部长。当时有许多政客对此人极为不满，他们派遣代表前往总统府进谒马尔辛利，要求他说明委任此人的理由。为首的是一位身材矮小的国会议员，他脾气十分暴躁，说话粗声粗气，开口就把总统大骂了一番。马尔辛利却不吭一声，任凭他声嘶力竭地骂着，最后才很和气地说："你讲完了，怒气该可以平息了吧！照理你是没有权力这样责问我的，不过我还是愿意详细地给你解释……"那位议员感到羞惭万分，但总统不等他表示歉意，就和颜悦色地说道，"其实也不能怪你，因为我想任何不明真相的人，都会大怒。"接着，他便把理由一一解释清楚。

其实，不等马尔辛利解释，那位议员已被折服，他心里懊悔到了极点，自己不该用这样恶劣的态度来责备一位和善的总统。因此，当他回去向同伴们汇报时，只是说："我记不清总统的全部解释，但有一点可以报告，那就是——总统的选择并没有错。"

以马尔辛利的总统之尊，他完全可以给那个不懂礼数的议员一个深刻的教训，但他只是平心静气、一声不吭地示弱。示弱不但使马尔辛利的解释获得了良好的效果，而且使那位议员就此悔悟，为他的人格所折服。

北宋名臣韩琦曾经同范仲淹一道推行新政，并长期担任宰相职务。有一年，他与同僚王拱辰、叶定基等人在开封府主持科举考试，王、叶二人经常为考生卷子的优劣争得面红耳赤，而韩琦觉得偏袒哪一方都不合适，就只是充而不闻，视而不见，坐在桌前专心判卷。

没想到人不找事儿，事儿却找人。有一次，王拱辰和叶定为了阅卷的事情又吵得不可开交，王拱辰气韩琦不帮自己说话，跑过来对韩琦嚷道："我说你在这里练习气度哪？"韩琦听了这带刺的话，不但不生气，反而赶紧好言好语地赔不是说："实在抱歉，都怪我这耳朵不顶事，不知道你们在争论什么事啊。"这样一来出乎王拱辰的意料，他没想到韩琦居然给自己道歉，也就讪讪地无话可说了。事后，韩琦耐心地做了二人的工作，很容易就把事情给解决了。同僚们自此都对韩琦刮目相看、礼敬有加。

在王拱辰跳出来向他"吹胡子瞪眼"地找碴儿时，韩琦并没有勃然大怒，而是采取示弱的策略向其赔不是，从而避免了一场无谓的争吵纠纷，同时也赢得了同僚们的赞许与好感。

在人与人的相处过程中，适当的示弱其实是一种真诚接纳的态度。示弱是消除隔膜、增进交流、建立良好人际关系的润滑剂。但是示弱并不意味着退却不前或软弱可欺，更不是无原则地自我贬低和妥协，而是一种尊重、礼让和宽容，是一种交际和处世的智慧。交际中巧妙示弱，能给你带来和谐的人际关系。

前些日子，在网上偶遇大学同学郭佳，难免一番嘘寒问暖。毕业近年，许多同学都小有成就。有的从政做了官，有的下海经商做了老板，有的成了某单位里挑大梁的骨干。我猜想，郭佳也一定混得不错。因为大学时，他是我们的班长，不光学业优秀，而且吹、拉、弹、唱样样精通，是一个极富才气与能力的高才生。

我问及郭佳的现实状况时，他发了一个非常郁闷的QQ表情过来。我问他："以你的才能应该是春风得意，怎么会郁闷呢？"郭佳说："什么春风得意，我奋斗了10年，还只是一个小职员。"怎么会这样呢？我难以置信。以郭佳的能力，无论在什么样的单位，都应该是数一数二的人物。郭佳接着说："这有什么好奇怪的，排挤人才、嫉妒人才、压制人才，都是常有的事。"听了郭佳的诉说，我不禁为他的怀才不遇而感到深深惋惜。

半年后的一天，我去参加省外的一个笔会，其中有一个文友正好是郭佳的上司。席间我们谈起了郭佳，文友说："郭佳的确是个不可多得的人才，然而他太好表现，锋芒毕露，逞强好胜，恃才傲物，不把任何人放在眼里，在单位里大家都不喜欢他。尽管如此，我还是很欣赏他的才干，好几次想找机会提拔他，可遗憾的是每次投票，他的得票都是最低的，我也无可奈何。"

原来郭佳的不得志，不是输在能力上，而是输在做人上。他之所以得不到领导的器重，得不到同事的支持，主要就在于他太"强"。强大固然让人敬仰，但太强，就会因刚而折。做人也是这样。如果你处处表现得盛气凌人，不可一世，就会让人望而生畏，敬而远之，使自己陷入孤家寡人的境地。而任何一项工作，都需要团队合作。一个人的能力再强，仅靠一人之力，也不可能办成什么大事。

在如今这个个性张扬的时代，人们一个个都像装了枪药打了鸡血似的，一个比一个能显摆，示弱的人越来越鲜见。适时示弱是一种生存智慧，也是一种获取成功的手段，它展露的是宽广的胸怀和谦虚的态度，体现的是理智的风度及务实的精神，收获的是团结和谐与长久胜利。强者示弱，不但不会降低自己的身份，反而能赢得别人的尊重，留下"谦虚、和蔼、平易近人、心胸宽广"等美名。

适时示弱是一种生存智慧，一种获取成功的手段，它展露的是宽广的胸怀和谦虚的态度，体现的是理智的风度及务实的精神，收获的是团结和谐与长久胜利。

EMOTIONAL INTELLIGENCE IS
THE ABILITY TO SPEAK

第四章

禁忌的话，情商高的人
会拐几个弯再说

一时口舌之快，赢了眼前，输了人心

在日常交际中，我们应当尊重他人，讲究说话的技巧，切忌贪图口舌之快，"恶"语伤人。很多时候，人们都是因为一些不经大脑思考、脱口而出的只言片语，给自己带来了许多不必要的麻烦。

油脂店的李老板给某食品厂送去了一吨花生油，但是食品厂田老板迟迟没有付款，因为食品厂当时的生意不好，销出去的食品也有许多账没有要回来。这样一来，就形成了尴尬的三角债。

日子久了，李老板有些着急。他打电话去食品厂催债："喂？是食品厂的田老板吗？"那天是田老板的妻子小芳接的电话："他不在，请问您是？"老李听出来是小芳，就说："嫂子，你问我是谁？我是给你们送花生油的老李！他居然躲着我不敢接电话让你接啊！你告诉他，他就算钻到地底下我也要见他，这花生油的钱已经拖得够久了！还有，如果他打定主意不想还油钱的话，我就诅咒他出门就遇上车祸！"

"李老板呀！亏您有这份心，他现在就在下边等着你呢！你可要抓紧点儿！还有，说话积点儿德，每个人都有遇到意外的时候！"小芳说完就把电话挂断了。

老李有点儿蒙了，这是怎么回事呢？一打听才知道，原来前段时间田老板在要账的路上被一辆车给撞死了。得知这消息后，老李后悔莫及，自己不了解情况就打电话贸然催债，并因为一时激动说出了过激的话，小芳肯定以为自己是故意"恶"言相伤呢！这下子，花生油的钱是不好意思再要了，自己跟食品厂的交情也完了！

口舌之快逞不得，一时的口舌之快，轻者可能伤及他人的面子，重者则会伤害他人的自尊和情感。

戴尔·卡耐基年轻的时候比较好胜，在第二次世界大战刚结束的一天晚上，卡耐基在伦敦参加一场为罗斯·史密斯爵士举行的宴会。宴会上，坐在卡耐基右边的是一位十分健谈的先生，他给大家讲了一个幽默的故事，并且引用了一句"谋事在人，成事在天"的俗语，还指出这句话是出自《圣经》。卡耐基知道这句话的出处绝对不可能是《圣经》，这位先生肯定搞错了，于是卡耐基立即纠正他说："先生，您说错了，这句话出自莎士比亚的作品！"那位先生听后立刻反驳："怎么可能！明明是《圣经》，我确定！"卡耐基的老朋友法兰克·葛盂当时就坐在卡耐基的左边，他此前已经研究莎士比亚著作多年，自然知道那位先生的确说错了，但他并没有和卡耐基一起纠正，却在桌子下面踢了卡耐基一下，然后说："戴尔！你说错了！那位先生才是对的！那句话确实出自《圣经》！"葛盂的这一举动让卡耐基十分不解。当晚回家的路上，卡耐基问葛盂："法兰克！你一定知道那句话是出自莎士比亚的！""是的！我当然知道。"他说，"出自《哈姆雷特》第五幕第二场。但是亲爱的戴尔，那位先生是宴会被邀请的客人，为什么一定要证明他错呢？这样对你有多大好处？为什么不给他留点儿面子呢？他并没有征求你的意见啊！他并不需要你的意见，你又为什么一定要跟他争论呢？戴尔，不要和别人发生正面冲突！"

俗话说："恶语伤人六月寒。"有的人只为一时痛快，却没意识到脱口而出的那些不经思考、自以为是的言语已经深深地伤害了他人。我们没有必要因为贪图一时的口舌之快就跟别人发生正面冲突。多一事不如少一事，管住自己的嘴巴，一切都会平静而和谐！

> 讲究说话的技巧，切忌贪图口舌之快，一时的口舌之快，轻者可能伤及他人的面子，重者则会伤害他人的自尊和情感。

动口之前先动脑，口无遮拦惹人恼

管好自己的嘴巴，不说不该说的话，听起来容易，能做到还需要有一定的智慧。说话要把握分寸，不该说的话不要说，就算是开玩笑也要有个度。古人曾说："十语九中，未必称奇，一语不中，则愆尤并集……君子所以宁默毋语。"为人处世，不可不重视慎言。慎言不仅能让人体会到"沉默是金"的道理，还能让人认识到"此时无声胜有声"的奥妙。

安娜心地十分善良，但就是有个爱说闲话的毛病，很多事情经过她的嘴一加工，再散布出去，往往给别人带来很大的伤害，结果弄得很多人都不喜欢她，不愿意和她打交道。安娜为此非常苦恼。

有一天，她来到教堂，向神父诉说自己的苦恼。

神父说："你不应该谈论别人的缺点，更不应该以此来散布流言。其实，我可以看得出你因此很难受。但是，我告诉你一个方法可以减轻你内心的痛苦。

你到市场上买一只鸡，然后离开市场往家走，你边走边把鸡身上的毛拔下来，四处散布。你要不停地拔直到鸡毛被拔干净。当你做完这些事情，请再来找我吧。"

安娜觉得非常奇怪，但是还是照神父说的去做。等做完之后，她再来到神父这里。神父又说："接下来，你沿着你家到市场的路走，并拾起所有你散布的鸡毛。"安娜说："这怎么可能？鸡毛早都被风吹跑了，即使拾也只能拾起一些，不可能拾起全部的鸡毛。"此时此刻，安娜突然领悟到了，原来自己无心散布出去的那些话，像鸡毛一样随风四处流散，而且根本无法再收回来。她对神父说，"我明白了，从此之后我要管住自己的嘴巴，再也不乱说那些愚蠢的话了。"

一个人能够约束自己的嘴，不论在何种场合下用语都很恰当，那么他就是有智慧的。

妮妮是一个活泼开朗的女孩儿，在一家公司做总裁助理。一次，妮妮陪同总经理与一个非常重要的客户见面，总经理叮嘱妮妮，这次会议对公司的发展极为重要，一定要注意自己的言行举止，力争给客户留下好的印象，促成合作。

妮妮听了，连忙点了点头，跟随着总裁向会议室走去。

一进会场，总裁和等在那里的王总寒暄后，进入正题。当谈到之前的一个项目，在这个项目上与两位客户在谈判，但是公司只会选择一家公司合作，所以，在这两位客户之间，总裁比较小心地谈着，并且很避讳在一位客户面前谈到另一位客户。

两位老总在交流时，妮妮在一旁专心地听着，同时还不时地在两人说话间插上几句。其实老总是不满意妮妮插话的，不过当着客人的面，老总不好发作。所以，不时地要求妮妮去拿点儿东西或做点儿其他事，企图将她支开。但妮妮不懂得为人处世的道理，她不明白老总的意思是在无声地告诉她不要喧宾夺主，做好自己分内的事就可以了，毫无心机的妮妮不停地插话，搞得两个老总都不耐烦了。

当客户说起对项目合作的一些建议时，妮妮抢着说："前几天那个李总也说过这事。"妮妮口不择言地说话，将气氛弄得非常尴尬，气氛达到了冰点，总裁脸上很难看，气愤地对妮妮说："我想起来了，公司里还有一些事情需要你回去协助一下，你现在就马上回去吧。"

妮妮这才离开了会议室，回公司去了。但是，第二天，总裁就将妮妮辞退了。

我们经常说："言多必失。"这句话的意思就是说，倘若一个人总是滔滔不绝地讲话，说得多了，话里自然就会暴露出许多问题。特别是在大众场合，你一旦失言了，一句话就有可能会伤害到一个人，这就会让你招惹祸端。

慎言能体现一个人的涵养和修行。管好自己的嘴巴，会给人留下稳重谨慎的印象。我们不要因为自己的嘴而给别人和自己带来伤害。

有些伤害人的话不说，别人不会认为你是哑巴，相反会觉得你有内涵、有修养。伤害人的话语确实令人讨厌、令人憎恶，甚至还能引起双方发生冲突。因为人都会有维护自尊和人格的本能。注意自己所说的话，不要让无意中所说的话伤害到他人。

有心机的人不管在什么场合，都很注意自己的一言一行。而无心机的人说话不顾忌场合，面对别人总是乱讲话，甚至说话连大脑都不过。你要知道，说出去的话，就如同泼出去的水一样，是收不回来的。所以，说话时一定要谨慎。

鸟儿被自己的双脚绊住，人会被自己的舌头拖累。人往往会因为说错话而自找麻烦。古人讲慎言，就是说人说话要多加考虑，切不可信口开河，不知深浅，没有轻重。就算心是好的，但是因为没说好话，导致不好的结果，引来祸端，这就是所谓的"祸从口出"。聪明人知道如何管住自己的嘴巴，只有那些笨人才会逞口舌之快。

说话锦囊

　　慎言不仅能让人体会到"沉默是金"的道理，还能让人认识到"此时无声胜有声"的奥妙。

得体的玩笑，如合适的衣服

　　玩笑是个好东西，但也有底线，不能随意乱来。生活中，适度、得体地开个玩笑，可以使周围的人松弛自在，并能营造出适于交际的轻松活跃的气氛，这也是具有幽默感的人更受欢迎的原因。如果玩笑无度，不但收不到好的效果，更会造成严重的后果。

　　一位男士的女同事穿着一身漂亮的新衣服来上班，他幽默地说道："今天准备出嫁？"这其实是一种夸赞，只不过话说得委婉一点儿，调侃一点儿。

　　她闻听此言，怒不可遏，拍案而起："你骂人！难道我离婚了，难道我丈夫不在了？"接着又来了一大串的谩骂。

　　这位男士万万没有想到，他的颇为得意的幽默竟被人家当成是不堪入耳的污言秽语，得到的竟是如此难堪的结局。他百口难辩，只好道歉了事。

为了达到开玩笑的目的,又不致造成不必要的误会,事先做一下说明是值得借鉴的。

日本人在开玩笑前很紧张,所以他们在开玩笑前要先打个招呼,说明以下是个笑话,然后才讲笑话,也许我们觉得这一点儿也不好笑,但日本人却会说,这"穿靴戴帽"是很必要的。因为只有这样,对方才有心理准备,不会把玩笑和严肃的话题混淆,免得造成工作上的误会;如果玩笑和对方有关,打个招呼能避免伤害到对方。日本人不仅说笑话要预告,就是要对某件事提出尖锐的批评时也要先讲一句:"我有句难听话要说。"讲完后还要再加一句:"这话虽然刺耳,但是请你不要往心里去。"这就是日本人,很多人共同的价值认识,在这里要按照特殊的游戏规则才能通行于他们的社会生活之中。

下面叙述在运用幽默口才时应该注意的几个问题。

1. 朋友陪客时忌和朋友开玩笑

人家已有共同的话题,已经形成和谐融洽的气氛,如果你突然介入与之开玩笑,转移人家的注意力,打断人家的话题,破坏谈话的雅兴,朋友会认为你扫他的面子。

2. 和非血缘关系的异性单独相处时忌开玩笑

哪怕是开正经的玩笑,也往往会引起对方的反感,或者会引起旁人的猜测非议。要注意保持适当的距离,当然,在一定场合也不能拘谨别扭。

异性之间的幽默更要做到张弛有度,那些所谓的"荤段子"不但不能拉近异性之间的距离,反而会降低自己的格调,使对方认为你低俗难耐。

3. 和残疾人开玩笑要注意避讳

人人都怕别人用自己的短处开玩笑，残疾人尤其如此。

要知道人是没有完美无缺的，他人的缺陷和不足绝不是你拿来玩笑的材料。这种笑话会严重地伤害到对方，导致不堪设想的后果。

4. 不要总和同事开玩笑

开玩笑要掌握尺度，不要大大咧咧地总是开玩笑。这样时间久了，在同事面前就显得不够庄重，同事们也不会尊重你；在领导面前，你会显得不够成熟，不够踏实，领导也不会信任你，因而不会对你委以重任。这样做实在是得不偿失。

5. 不要以为捉弄他人也是开玩笑

捉弄别人是对别人的不尊重，会让人认为你是恶意的，而且事后也很难解释，它绝不在开玩笑的范畴之内。轻者会伤及你和同事之间的感情，重者会危及你的"饭碗"。记住"群居守口"这句话吧，不要祸从口出，否则你后悔晚矣！

6. 莫板着脸开玩笑

到了幽默的最高境界，往往是幽默大师自己不笑，却能把你逗得前仰后合。然而在生活中我们都不是幽默大师，很难做到这一点，那你就不要板着面孔和人家开玩笑，免得引起不必要的误会。

7. 态度要友善

与人为善是开玩笑的一个原则。开玩笑的过程，是感情互相交流传递的过程，如果借着开玩笑对别人冷嘲热讽，发泄内心厌恶、不满的感情，那么除非是傻瓜才识不破。也许有些人不如你口齿伶俐，表面上你占了上风，但别人会认为你不能尊重他人，从而不愿与你交往。

8. 避人忌讳

忌讳是因风俗习惯或个人生理缺陷等，对某些事或举动有所忌讳。几乎每个人都或多或少地有自己的忌讳。所以，开玩笑时一定要小心避之。

9. 行为要适度

开玩笑除了可借助语言之外，有时也可以通过行为动作来逗别人发笑，但必须要适当，否则会酿成恶果。

国外有一对小夫妻，感情很好，整天都有开不完的玩笑。一天，丈夫摆弄鸟枪，对准妻子说："不许动，一动我就打死你。"结果不小心真的扣动了扳机，结果，妻子被意外地打成重伤。

可见，开玩笑千万不能过度。

当然，也有极少数人利用幽默的形式专讲刻薄话，既伤人又伤己，他们专门去打击别人的自尊心，毫不在乎地讲出对方所"耿耿于怀"的话。例如，有关别人的命运，他们所生长的社会环境、有关他们双亲在社会上的地位或者他们的职业等，都成为一些人的谈资。

这个世上本来就有很多不幸的人，一生下来之后，即背负了身体上不利的条件。而更值得同情的是，他们之所以会变成这样，并非自己心甘情愿的。因而，凡是有怜悯之心的人，都不应该以他们身体上的缺陷为话题。事实上，这也是与人交往时，必须注意的一种礼节！

然而，还有人毫不介意地使用那种伤人的言辞，当着别人面说那种伤人感情的话，这是非常不人道的。例如，有些人常常使用一些刻薄的言语。

假如你有心肝的话，将不难察觉到这些字眼是极为伤人的，是非人道而残酷的。我们不妨设身处地想一想，如果自己被如此称呼时，心里将有何感觉呢？这个问题实在很有深思的必要。

幽默追求的境界是哲学的飘逸和思想的简朴，幽默是一种艺术性的语言，并非低级趣味，也并非所有有趣可笑的语言都是有名的语言。有人将幽默理解为油腔滑调、取笑逗乐，就失去了真正的幽默意味。这样的幽默，是不得体的幽默。幽默的语言尤其要精练，不能用太多的琐碎的词语，要删繁就简、点到为止，以免影响理解和欣赏效果。因此，真正得体的幽默是诙谐而不失度，滑稽而不粗俗，精练而不繁冗，简约而又得当。

说话锦囊

> 幽默是一种艺术性的语言，并非低级趣味，真正得体的幽默是诙谐而不失度，滑稽而不粗俗，精练而不繁冗，简约而又得当。

众口铄金，积毁销骨

"口业何因罪最深？能牵善众处刀林。""利刀割肉疮犹合，恶语伤人恨不销。"恶语相向可以让被说者发怒、伤心难过，被弄得精神不振、身体不适，身体受到伤害，还影响了工作、事业、生活。

然而，在为人处世中，人们最容易犯的一个错误就是随意指责别人，这也许是由于年轻气盛，也许是由于对自己的绝对自信。但不管怎样，还是要提醒你，指责是对别人自尊心的一种严重伤害，是很难让人原谅的错误。毁人只要一句话，如果你不想让身边有太多的敌人，那就请口下留情，别总去指责别人。

宋朝益州的张咏，听说寇准当上了宰相，对其部下说："寇公奇才，惜学术不足尔。"张咏与寇准是多年的至交，他很想找个机会劝劝老朋友多读些书。

恰巧时隔不久，寇准因事来到陕西，刚刚卸任的张咏也从成都来到这里。老友相会，格外高兴。临分手时，寇准问张咏："何以教准？"

张咏对此早已有所考虑，正想趁机劝寇准多读书。可是仔细一琢磨，寇准已是堂堂宰相，居一人之下、万人之上，怎么好直截了当地说他没学问呢？张咏略微沉吟了一下，慢条斯理地说了一句："《霍光传》不可不读。"回到相府，寇准赶紧找出《汉书·霍光传》，从头仔细阅读，当他读到"光不学无术，闇于大理"时，恍然大悟，自言自语地说："此张公谓我矣！"是啊，当年霍光任过大司马、大将军要职，地位相当于宋朝的宰相，他辅佐汉朝立下大功，但是居功自傲，不好学习，不明事理。这与寇准有某些相似之处。因而寇准读了《霍光传》，明白了张咏的用意。

在进行批评教育的时候，既要观点正确，又要口下留情，注意一个度的把握。这样既不会让对方产生误解，也不会造成隔阂。事实上，通过间接的途径表达自己的意见反而更容易被人接受，这就是古人以迂为直的奥妙所在。张咏可以说是熟谙此道的人，他的高明之处在于根本不提"批评"二字，而是借助一句赠言"《霍光传》不可不读""敲醒"寇准，启发对方自我反省。从结果来看，张咏的这种做法显然是非常成功的。究其原因，其实是很简单的：间接的方法很容易使你摆脱其中的各种利害关系，淡化矛盾或转移焦点，给对方留下情面，从而减少对方对你的敌意。在心绪正常的情况下，理智占了上风，对方自然会认真地考虑你的意见，不会再先入为主地将你的意见一棒子打死。比如，面对可以指责的事情，你完全可以这样说："发生这种情况真遗憾，不过我相信你肯定不是故意这么做的，为了防止今后再有此类事情发生，我们最好分析一下原因……"这种真心诚意的帮助，远比劈头盖脸的直接指责的作用明显而有效。

卡耐基在《人性的弱点》一书中就提出，每个人都会犯错误，每个人也都有自己的自尊心。对事不对人是批评有度的一个重要原则。这样可以缓解被批评者的心理压力，要是把矛头指向当事人，很容易在无意中给其造成伤害，不但于事无补，有时还造成严重后果。如在某小学里，一个学生被老师批评后，为了证明自己是清白的而选择了自杀。在某个家庭里，儿子由于受不了父母的批评指责，挥刀将其父母杀死了……诸如此类的悲剧，如果讲究一点儿批评的方式，或许能够避免。

当批评别人时，我们要时时刻刻反问自己："我是否在人身攻击了？""我是否针对当事人了？""我是否忽略失误本身了？"

而不会批评的人往往加大批评的力度，随便行使权力、耍威风，最后只会让问题变得更复杂、更糟糕。如果批评无度，不给对方留面子，或者不分场合批评，那么实际上对自身也是一种损害。

要知道，批评的目的是为了让人认识到自己的错误，而不是对其进行负面攻击。很多事实均已说明，选择恰当的力度进行批评对优化批评效果是很有帮助的。

那么，在纠正别人错误时，究竟应采取怎样的说话方式才易于被对方接受呢？

第一，对别人要有极大的同情心，体谅别人的难处，这样我们就不会在批评别人时吹毛求疵。

第二，批评时语气应温和委婉，千万不能用刺激性或是让人听了不舒服的字眼。

第三，纠正别人错误的话说得越少越好，最好是说一两句就能让对方明白，然后转到别的话题，如若不然，对方就会产生反感。

第四，别人做错了事，我们固然要指出来，但同时也需要对其可取之处加以赞扬，这样才能使其保持心理平衡，从而心悦诚服。

第五，在改变别人意见时，我们最好能在不知不觉中将自己的意见告诉对方，让对方觉得是自发改变了，而不是因为接受了我们的批评。

第六，对于别人出现的过失，我们应站在朋友的立场给予友善地提醒，千万不能过于严厉地指责对方。

第七，纠正别人的错误时，我们千万不能用命令的口吻，最好是委婉地表达出来。

第八，用旁敲侧击的方法暗示别人所犯的错误，以维护对方的自尊心，使其自觉地改正过失。

批评别人时，我们可以参考以下两种方法。

1. 弄清事情的来龙去脉

我们只有弄清事情的来龙去脉，才能知道对方错在哪儿，从而有针对性地对其提出批评，使对方认识到自己的错误，使其易于接受批评。

假如由于你的过失而伤害了别人，你得及时向人道歉，这样的举动可以化敌为友，彻底消除对方的敌意，说不定你们今后会相处得更好。既然得罪了别人，当时你自己一定得到了某种"发泄"，与其待别人的"回泄"自来，不知何时飞出一支暗箭，远不如主动上前致意，以便尽释前嫌，演绎流传千古的"将相和"。

2. 用提问的方式来批评

对于那些思想比较成熟的人来说，用提问的方式进行批评是最合适的。因为这些人通常都有一定的思考能力，大多数情况下，只要将批评信息传给他们，他们就会加以注意，并且在思考中认识到自己的错误。

中国人有一句俗语："众口铄金，积毁销骨"说出了嘴巴的厉害，道出世上最凶狠的一种武器。还有一句话叫"舌根底下压死人"，这比积毁销骨只怕又进了一步。舌头是断石削发的利刃，软刀子杀人，杀人不见血，一针见血，见血封喉。真是人言可畏啊！

说话锦囊

批评的目的是为了让人认识到自己的错误，而不是对其进行负面攻击，在进行批评教育的时候，既要观点正确，又要口下留情，注意一个度的把握。

沉默守护秘密禁区

每个人都有自己的优点和缺点，人们喜欢把优点展示给更多的人看，而对于缺点，则感到心虚，想尽力隐藏，唯恐让人看出来，而隐藏这些缺点的地方就成了一道"禁区"。在交往中怎样面对别人不小心暴露的缺点，尽量远离"隐私"，避免双方都陷入尴尬的境地，是值得注意的事情。

对于不懂尊重他人隐私的人，大家都会产生厌烦心理。如果你不想成为让人唾弃的对象，最好在与同事的交往中保持恰当的距离，对别人的私事不要太好奇，远离别人的隐私禁区。

同事的个人秘密，都带着些不可告人或者不愿让其他人知道的隐情；要是同事能将自己的隐私信息告诉你，那只能说明同事对你是足够的信任，你们之间的友谊肯定要超出别人一截，否则对方不会将自己的私密全盘向你托出。要是同时在别人嘴中听到了自己的私密被公开后曝光，不用说，对方肯定认为是你出卖了他。被出卖的同事肯定会在心里不止千遍地骂你，并为以前付出的友谊和信任感到后悔。因此，不随意泄露个人隐私是巩固职业友情的基本要求，如果这一点做不好，恐怕没有哪个同事敢和你推心置腹。

另外，还要尊重对方的自主权利，即使当你强烈地感觉到对方有困扰，也不要因为好奇和担心，而越界去打听对方的心事。在适当的时候保持沉默，也是对别人的尊重与帮忙。

因为谁都有隐私，谁都会把一些难以启齿或者是一些并不光彩的错误隐藏起来不让人知道。对于不懂尊重他人隐私的人，大家都会产生反感。注意不要随便打听别人的私事。

每个人都有好奇心，都想窥探别人的秘密。但不要忘记："好奇害死猫"。有些秘密还是少知道、不知道为好。但是就是有人专门喜欢用各种方法假设、探讨、求证、挖取别人的秘密，然后主动向你诉说，这时你最好能够避开或者转换话题。

如果有人在谈到某同事时说："我只跟你说……"对这样的话你可别太当真了。

假使你对某同事不具好感并按捺不住地对上级说："这些话只跟您提而已……"如果随意地就大发议论的话，你所说的话会立刻传入该同事的耳中。

事实上，人与人之间的关系相当复杂，你如果不知内幕，就不可信口雌黄，以免招惹是非。

有的人因为长期以来的生活习惯，养成了一些世人眼中的一些怪癖，这些小毛病也许在别人眼中是无足轻重的，但是他本人却讳莫如深。所以在与他人的交往中，最好尽量多涉及一些对方的优点，极力避开对方的缺点。如果平时对这方面太过大意，不小心触及对方的缺点，很可能会导致对方恼羞成怒，怀恨在心。

在与同事沟通交流的过程中，也要避开有关对方或者他人缺点的话题，因为毕竟任何人在对别人评判时都或多或少带有主观感受。我们所听到的关于别人的事情不一定就完全可靠，也许还有许多详细的隐情是我们所不知道的。

如果我们贸然拿听到的片面之词来对待那个人，那么就很可能使形势更加偏离真相。一旦我们说了不该说的话或者有了不恰当的举动，将会造成难以挽回的伤害。

所以，遇到有人向我们谈起某人的缺点的时候，最好的办法就是左耳朵进来，右耳朵出去，不要深信这种传言，不必将此记在心中，也不要做传声筒。

人们好说女人最爱谈论别人是非，其实男人当中也不乏这种人。如果你茶余饭后要找谈话的资料，那天上的星河、地上的花草，无一不是谈话的好题目，真的不必一定要说东家长、西家短才能消遣时间。

也许你会觉得掌握了别人的秘密就是抓住了对方的弱点，这样一来你就处于优势地位了。如果你这样认为可就大错特错了。别人的秘密掌握在你手中，那个人就会寝食难安，如骨鲠在喉一般。试想，这样的处境能让他对你放心吗？他能让你安稳过日子吗？

既然你知道了别人的秘密，也就有责任保守这个秘密。被你掌握秘密的人也多了一分对你的顾虑和怀疑，担心你会把秘密泄露出去。而一旦秘密被泄露了，你会是泄密的首要嫌疑犯，也必然会得到凶狠的报复，甚至给你带来杀身之祸。所以，我们应该对别人的秘密采取敬而远之的态度，能不知道就不知道。

如果你在无意间知道了别人的秘密，最好的处理方法就是三缄其口，即使在本人面前也是如此，装聋作哑，把它当成自己的秘密一样守着，或者就当自己从来都没听说过一样，把它忘掉。

总之，人人都有想保守的秘密，都需要一个私人的空间。在这个空间被人涉足时很难释怀，所以尽量远离别人的隐私禁区，这对双方来说都是安全的做法。"家丑不可外扬。"这里的"家丑"不仅是指自己家的丑事，还包括别人不方便告诉他人的事。也许你在无意间发现了别人的秘密，或者对方把你当成知己只告诉了你，你却在无意间透露给了别人，这样的后果不仅会伤害那个人，还会引起大家对你的鄙视。

说**话**锦**囊**

　　谁都有隐私，都会把一些难以启齿或不光彩的事情隐藏起来不让人知道，如果你在无意间知道了别人的秘密，最好的处理方法就是三缄其口。

不要问他人体重，这个问题真的很重

　　体重，对于很多人都是一个敏感的话题。在这个以瘦为美的年代即使你像中国古代的四大美人杨玉环一样丰满可人，也依然不符合潮流的审美。随便翻开一本时尚杂志，你都会发现上面的模特全都皮包骨头身材高挑。

　　在西方某些国家，肥胖意味着对自身无限制的放纵，因为超重总是让人难堪和自卑。因此，在面对西方友人，或者是女性朋友时切勿问起体重问题。即使在中国，也已经进入全民减肥的时代。越来越多的朋友加入减肥的队伍中，甚至还有些小朋友也把减肥挂在嘴边。

　　对于女性朋友，不但不能问年龄，更不能问体重。曾经，大家都就范冰冰的体重问题展开讨论，很多娱乐圈的八卦记者都对此乐此不疲。"范爷"果然豪爽，有一次就居然真的把自己的体重公之于众，她的男友李晨马上力挺，说自己就喜欢丰满性感的。然而，真正有几个女性能像范冰冰充满自信呢？

尹平是个大龄剩女，已经33岁了，但是却始终没谈过男朋友。对此尹平也很苦恼。很多朋友都不相信她没谈过恋爱，但是尹平很清楚，她从初中时就变得超重、肥胖，怎么会有男生喜欢她呢？也因为肥胖，她从初中时就非常自卑，根本没有信心与男孩子相处。大学毕业后，尹平因为生活不规律，变得更胖了。这让她更加无法面对自己，甚至没有勇气和男同事交流。每天，她似乎都感到有人在她身后指指点点：看，这个女孩怎么这么胖啊！尽管心理医生告诉她这都是她的幻觉，但是她依然深受困扰。在一次离职之后，尹平决定专门花半年时间减肥。在这半年的时间里，她仅仅依靠积蓄生活，每天都去健身馆健身，去游泳馆游泳，同时还尝试了针灸、汗蒸、吃药等减肥方式。然而，肥胖依然如影随形地跟着她，即便偶尔减少几斤，也马上会反弹回来。最终，尹平放弃了减肥的尝试，又开始工作。来到新工作单位不久，一天中午，办公室里的同事吃完午饭之后都在闲聊。说起买衣服的问题，一个同事突然对尹平说："我知道一家外贸店专门卖大码衣服，就适合你这样的胖人穿。对了，你到底多重啊，肯定超标很多吧？"同事的话，让尹平的脸上白一阵红一阵，尴尬极了。尹平暗暗想道："你这个人，话怎么这么多啊，我买衣服的问题不用你操心。"也许同事只是无心的一句话，却在尹平的伤口上撒了一把盐。对于尹平而言，任何话题都比不上关于"肥胖"的讨论更让她尴尬，更何况这个同事居然公开问她的体重，简直让人讨厌。因为这件事情，尹平对那个同事心怀畏惧，总是避开她，不愿意再与她聊天。

　　随着生活水平的提高，再加上有很多人都因为工作忙碌，因而没有充足的时间进行体育锻炼，所以越来越多的人体重节节攀升，变成了超重或者肥胖。对于大多数胖人来说，他们都因为自身的体重而感到烦恼甚至为此自卑，因为这就像是一个不可避免的缺点。因此，在与胖人聊天时，千万不要随意问起对方的体重，尤其是女性朋友，否则一定会让对方感到尴尬。体重这个问题，真的很重，会沉甸甸地压在人的心头。

说话锦囊

　　大多数胖人，都因为自身的体重而感到烦恼甚至自卑，因此，在与胖人聊天时，千万不要随意问起对方的体重。

EMOTIONAL INTELLIGENCE IS
THE ABILITY TO SPEAK

第五章

化解冲突，情商高的人
会化干戈为玉帛

强摘的花不香，强扭的瓜不甜

真正善于说服的人，不会强迫他人接受他的观点，而是努力地从心理上让他人接受。老百姓常说，强扭的瓜不甜。我们只有放弃高压强权，真正放低姿态，与他人平等地交流，了解他人心中的所思所想，才能做到真正的沟通。

有些人觉得说服是轻而易举就能做到的，尤其是那些已经习惯了强势要求他人对他言听计从的人，更无从体会说服的艰难和成功的乐趣。从本质上来说，说服他人不仅仅是语言的博弈，更是心理力量的较量。很多强势的人轻而易举地就能从语言上征服他人，让他人因为畏惧他的权势而不敢表示反对。但是，真正的说服绝不是勉强，而是心服口服。如果你总是勉强他人接受你的观点，那么他人虽然表面看起来很服你，实际上心中满是愤愤不平。等到合适的时机，他一定会选择爆发或者反抗，因为他的心里有不服气的火种。与真正的心服口服相比，这样的说服就像是埋着一颗定时炸弹，随时都有可能爆炸。

马上就要周末了，经过一个星期紧张而又忙碌的学习，妈妈原本计划带乐乐去看电影。然而，就在妈妈马上要付款买票的那一瞬间，电影的特惠票突然结束，原本三十元一张的电影票，瞬间变成了六十元一张。妈妈觉得很懊悔，要是早一分钟买票也就不会这样了。为此，她心中愤愤不平，暗暗决定不看电影，去公园玩。

当妈妈试探着和乐乐说去公园玩时，乐乐很不乐意。他说："不是说好要看电影的吗，我还想吃爆米花呢！"妈妈对乐乐说："电影票涨价了，咱们等到有优惠的时候再看吧！"乐乐很不高兴，说："要不用我的零花钱买票吧！""你的零花钱也是钱啊，你又不是大款。要不咱们就去公园玩，下次再去看电影好不好？"乐乐极其不情愿，翻箱倒柜地找出轮滑，说："要去公园，我就带着轮滑。"乐乐的轮滑已经一年多没穿了，显得很脏。然而想到已经强迫乐乐改变主意不去看电影，妈妈只好不说什么，任由乐乐带着轮滑。到了公园之后，妈妈开玩笑地和乐乐说："这个轮滑鞋太脏了，你可别说你认识我啊，穿着这鞋子丢人。"乐乐恼火地说："你还是不是我妈妈啊！不带我看电影，现在又说不让我叫你妈妈！"说完，乐乐独自拿着脏兮兮的轮滑鞋，一个人去滑了。也许是因为心中闷闷不乐，乐乐刚刚滑了几分钟，就不小心摔倒了，导致右腿胫腓骨骨折。至此，妈妈懊悔不已。首先，她没有兑现自己的诺言，说好的看电影，因为票价涨了，就被她私自改成去公园玩，还强迫乐乐必须接受她的改变。后来，她又不顾乐乐的自尊心开玩笑，让乐乐觉得自己穿着脏兮兮的轮滑鞋太丢人，连妈妈都不要他了。受伤事件发生后，妈妈懊悔不已，如果她能够尊重乐乐，带着乐乐去看电影，也许就不会发生这样的意外了。

在父母对待孩子的过程中，强制孩子接受成人观点的现象特别普遍。父母总觉得孩子是他们生的，他们养的，因而就必须凡事都听他们的。又因为孩子没有独立的经济能力，父母就更加以此为借口强迫孩子们必须凡事都听他们的。这样的结果，最终导致孩子心中留下阴影，即使勉强接受了父母的安排，也觉得心不甘情不愿。甚至因为心情郁郁寡欢，导致心神不宁，发生意外伤害。

人与人都是平等的，即使是刚刚出生吃喝拉撒都要依附于我们的小婴儿，也是有着独立人格的。作为父母，除了给孩子吃好喝好之外，更要尊重和关注孩子的心灵。成人之间也是如此，连小小年纪的孩子都不愿意被他人强迫，更何况是有着独立性的成人呢！

需要我们每个人牢牢记住的是，强迫的接受不是接受，发自内心、心甘情愿的接受才是真正的接受。任何说服工作，都不能借助于外界的压力，而必须建立在彼此尊重和了解、彼此真诚友善的基础上，因而，我们不管与谁相处，都应该本着真诚平等的原则，切勿把自己的要求强加于人。否则，一定会招人讨厌，长此以往还会变成孤家寡人。

说话锦囊

　　说服他人不仅仅是语言的博弈，更是心理力量的较量，强迫的接受不是接受，发自内心、心甘情愿的接受才是真正的接受。

善于表达以柔克刚，不动干戈得偿所愿

很多人都知道以柔克刚，也知道要用温柔来战胜刚强，却不知道说话时也应该遵循柔道术，这样才能不动干戈就得偿所愿。从心理学的角度来说，人们更倾向于同情弱者，因而也会更多地照顾弱者。相反，人们虽然膜拜强者，却也会有以硬碰硬的心态。

生活中有很多强势的人，他们不管说话还是做事，总是要按照自己的心意，最大限度地占尽优势，才能罢休。然而，这种人从表

面看来不管怎样都要占便宜，实际上他们却吃了大亏，因为他们的强势决定了他们的人缘很差，也没有多少朋友。大家都知道，现代社会多条朋友多条路，很多情况人脉资源比一切都更重要。因而，如果缺乏朋友，就会导致我们寸步难行。既然如此，我们为何要与人针尖对麦芒呢！其实，口头上占便宜，对我们的生活和工作不会有任何有利的影响。如果同样一句话用委婉曲折的方式表达出来效果更好，我们就不应该为了逞一时的口舌之快，而故意与他人争执不休。

在美国的金融危机期间，找工作很难。琳达在大学毕业半年之后，才终于找到一份在珠宝店销售珠宝的工作。因为按照规定必须经过三个月试用期才能转正，所以琳达每天都战战兢兢地工作，总怕自己不够勤勉。

快到新年的时候，珠宝店的生意比平时忙碌得多。因而，琳达每天主动提早到店里，赶在大家都上班之前打扫卫生。有一天早晨，因为地上都是积雪，琳达比平日更早地离开家，一路磕磕绊绊，摔了好几跤才到店里。她依然是最早的，因而赶紧拿起工具打扫卫生。等到她忙完这一切，同事们因为道路泥泞，还没赶到。琳达百无聊赖，开始拿出柜台里的戒指整理和擦拭。这时，一个中年男子推开门走了进来。他看起来很糟糕，面色浮肿，穿着破破烂烂的衣服，身上满是肮脏的气息。最可怕的是，他满脸都是愤怒，仿佛整个世界都欠着他什么没还一样。琳达心中升起一股不好的预感，然而她既不能喊叫，也不能拒绝。当男子瓮声瓮气地让琳达拿戒指给他看时，琳达乖乖地就拿了，而且面带笑容，就像对待一天之中的任何客户那样。男子贪婪地看着琳达拿出来的一盒戒指，一共有八枚。就在这时，电话铃突然响起，琳达着急接电话，居然不小心打翻了戒指盒，八枚戒指都滚落到地上。琳达心慌意乱地蹲在地上捡戒指，然而，数来数去，她只找到了七枚戒指。这时，心急如焚的琳达突然看到那名男子正在朝门口走去，因而她情急之中温柔地喊道："先生，抱歉！"男子转身看着琳达，眼睛里是歇斯底里的光。琳达很害怕，但是依然温柔地说，"先生，你知道，我找了半年才找到这份工作。现在找工作很难，你知道的，对不对？"琳达的眼睛里满是恳求，"我的妈妈一个人辛苦地抚养我长大，我……"男子脸上的表情缓和了，眼睛里居然流露出一丝笑意，他说："是的，金融危机太糟糕了，几乎一半的人在失业。不过，我相信你在工作上一定表现良好！"说着，男子伸出手，琳达也马上伸出双手，与男子的手紧紧地握在一起。等到男子告辞之后，琳达握着手心里的第八枚戒指，回到柜台，物归原处。

如果琳达激动之余指责男子，或者与男子扭打起来，则事情的结局不可预料。对于这样一个柔弱的女孩子，而且孤身一人在店里，琳达只有以柔克刚，请求男子不要带着第八枚戒指离开，而且她还采取了非常隐晦的方式，只是诉说了自己的苦楚。最终，琳达的柔弱感动了男子，让他选择成全琳达的工作。这件事情最终的结果不可谓不完满，这一切都归功于琳达机智的处理方式。其实，琳达并没有证实男子的确拿了戒指，而男子也可以矢口否认，但是这样一来琳达千辛万苦找到的工作必然保不住，甚至还会承担赔偿的责任。琳达以弱势的形象向男子求情，才能最终让问题得以完满解决。

人，常常都是吃软不吃硬的。尤其是对于性格强势的人而言，他们根本不怕硬碰硬，而就害怕他人表现出孤苦无依的样子，这样他们一定会心软。很多人从表面看起来非常强硬，其实内心柔软善良，在与这样的人打交道时，我们一定要避免用针尖对麦芒的方式，采取委婉曲折的说话方式与他们交流。

不管从哪个角度来说，以柔克刚都算得上是一种攻心术，能够帮助我们以柔弱的形象示人，却得到最好的结果。要知道，每个人的心中都有最柔软的地方，所谓百炼钢也成绕指柔，就是要打动他人心中最柔软的所在。

说话锦囊

> 每个人的心中都有最柔软的地方，所谓百炼钢也成绕指柔，说话遵循柔道术，打动他人心中最柔软的所在，不动干戈也能得偿所愿。

故作痴呆，尴尬迎刃而解

我们在不同的场合都会遭遇尴尬，许多人即使假装不在意，其实心里面还是会有个疙瘩，因为对每个人来说，面子都是非常重要的。所以，当别人遭遇尴尬时，有时候你的安慰可能只会让对方感觉更没有面子，这时，故作不知、说一句痴话，让当事人释怀才是最好的方法。

一家星级宾馆招聘客房服务人员，经理给三位应聘者出了一道题目："假如你无意间把房间推开，看见女客一丝不挂地在沐浴，而她也看见你了，这时候你该怎么办？"

第一位答："说声对不起，就关门退出。"

第二位答："说声对不起，小姐，就关门退出。"

第三位答："说声对不起，先生，就关门退出。"

结果第三位应聘者被录取了。

为什么呢？前两位的回答都让客人有了解不开的尴尬心结，唯有第三位的回答很巧妙。他妙就妙在假装没看清，故作痴呆，既保全了客人的面子，又使双方摆脱了尴尬。

还有一个例子：

小玲在一次聚会上第一次穿高跟鞋和超短裙，还化了比较浓的妆。朋友们见到她这样的打扮，一片惊呼，自然而然地，她成了聚会的焦点之一。但是这帮年轻人聚会的下一项活动是蹦迪。高跟鞋和超短裙肯定是不利于蹦迪的，何况小玲还是第一回穿呢。开始她不愿意下舞池，后来在朋友们的劝说之下勉强蹦了一会儿，谁知却出了问题，一只鞋跟折断了，短裙也不小心撑裂了，她只好装作没事一样，一瘸一拐地回到了座位上。

一个女孩看见了，忙跑过来问她怎么回事，她回答说脚扭了。女孩关心地弯下腰去看。"啊，你的鞋跟断了。真是的，怎么这么倒霉啊。哇，你的裙子怎么……好了别介意，大家都是朋友，谁都不会笑话你的，我也会给你保密的。你就在这儿坐着好了，待会儿结束了我陪你回家。"说着又下了舞池，小玲沮丧地坐在那里。

一曲终了，大家都下场来，一个男孩过来坐到了小玲对面，小玲脸上红一阵白一阵，生怕被他发现了，赶忙说脚有点儿不舒服，说着把没有断跟的那只脚伸到了前面。男孩并不看她的"伤势"，只是叫了两杯饮料，说："蹦迪很累吧，你平时看起来挺文弱的，一定小心啊。这种激烈运动连我都浑身湿透，你肯定更累吧。以后多锻炼锻炼，再穿上今天这么漂亮的衣服，那效果肯定超棒！"

两个人聊了半天，男孩始终没有提起她的"伤"。其实他早就看到是怎么回事了，为了不让小玲太尴尬，装作不知道，让小玲长长地舒了一口气。

这位男孩就是巧妙运用了"佯装不知"的技巧，避免了尴尬。

尴尬的表现形式不一样，应对方式当然也有差别。用语言应对的一种很好方式，就是佯装不知，故说"痴"话，好像这种尴尬从来没有发生过一样。

说话锦囊

> 故作不知、说一句痴话，让当事人释怀，巧妙化解尴尬。

学会给人缓解难堪的台阶

人人都有下不来台的时候。学会给人台阶下，既可以缓解紧张难堪的气氛，使事情得以正常进行，又能够帮助尴尬者挽回面子，增进彼此的关系。

外圆内方的人，不但尽量避免因自己的不慎而使别人下不了台，而且还会在对方可能不好下台时，巧妙及时地为其提供一个"台阶"。这是因为他们在帮助别人"下台"时，掌握了正确的方法。

1.因势利导搭台阶

小吴师范院校刚毕业，分到一所小学，给全校出了名的"捣蛋班"上第一堂课。这个班全是男生，鬼点子特多，专爱变着法子为难老师。

小吴刚进教室，就觉得气氛不对，正想开始讲课时，忽然发现讲桌上放着一块木板，上面用粉笔写着"吴××老师之墓"。对血气方刚的青年来说，这无疑是一个奇耻大辱，再看台下，有几个学生正挤眉弄眼地嘲笑他。

他气愤极了，但他没有发作。而是一本正经地把"灵牌"放到了黑板前，然后缓缓地对学生说："让我们以极其沉痛的心情对吴××同志的不幸表示最衷心的哀悼。现在，我提议，全体起立默哀一分钟！"

以前有好几个老师面对类似情况，不是当场大发雷霆，便是夹起书本扭头就走。小吴的这一举动使同学们大吃一惊，个个面面相觑，不再挤眉弄眼。接下来，小吴又故作惊讶地问："吴××是谁呀？"听了这话，同学们都瞪大眼睛惶恐地望着他。他指指自己的鼻梁说："吴××者，台上新任语文老师是也。他没想到你们这么敬重他，还给他立了'灵牌'，他在九泉之下得到消息很快就起死回生了，现在他就站在你们面前给你们道谢！"说完，还真的向全班同学鞠了一躬。这一下，同学们都开心地笑了，笑声里充满了敬意和歉意。

小吴第一天上课，便遭受了学生如此的戏弄，他没有大发脾气，而是煞有介事，顺藤摸瓜地用含蓄的语言自然而然地化解了自己的难堪，还赢得了学生们内心真正的佩服。这一招叫"因势利导"，即在遭受冷遇时，不马上驳斥或者埋怨对方，而是顺着对方的话或者对方设下的场景，慢慢地往对自己有利的方向发展。

2. 遭遇戏弄巧下台阶

有人喜欢故意挑起事端，企图以巧言戏弄他人，陷入尴尬境地，以博取笑料。此时，可以使用幽默作为武器，予以还击。

有这样一个故事：

一个自恃有才学的城里人，遇到一个乡下人，就想奚落他一番，于是向他发难："请问这位老乡，你有几个令尊？"

乡下人装作不知，反问："令尊是什么？"

城里人以为得手，狡黠地一笑："令尊就是儿子的意思啊。"

乡下人不动声色地说："噢，原来如此，那么请问您有几个令尊？"

城里人没有思想准备，一时竟无言以对，气得直翻白眼。

乡下人步步紧逼，佯作安慰状："原来您膝下无子。我倒是有两个儿子，可以过继一个给您当令尊，不知可否？"

城里人偷鸡不成反蚀一把米，只好悻悻而去。

乡下人有理有节，既有效化解了尴尬，又达到了反击对方的目的。

化解尴尬最聪明的做法就是幽默素材取材于对方的话题，让对方自吞苦果，将尴尬不知不觉地转移给对方。这叫作"以其人之道还治其人之身"。

一次马克·吐温应邀赴宴，席间他对一位贵妇说："夫人，你太美丽了！"不料那位妇人却说："先生，可是遗憾得很，我不能用同样的话回答你。"

头脑灵敏，言辞犀利的马克·吐温笑着说："那没关系，你也可以像我一样说假话。"

3. 将错就错下台阶

在一次战争后，军官问一个士兵："在这次战争中，你是否勇敢？"

士兵回答道："你听了一定会很高兴的，在战争开始后我勇敢地冲上去砍掉了一个敌人的双脚。"

军官听了后奇怪地问道："为什么不是头呢？"

士兵回答道："因为他的头已经被砍掉了。"

有时候，最好的下台阶办法就是将错就错，顺着对方的话往下说，把尴尬化解掉。

4. 还有挥洒感情造台阶法

挥洒感情造台阶法，就是故意以严肃的态度面对对方的尴尬举动，消除其中的可笑意味，缓解对方的紧张心理。

在社交活动中，能适时地为陷入尴尬境地的对方提供一个恰当的"台阶"，使对方免丢面子，也算是处世的一大原则，也是为人的一种美德，这不仅能获得对方的好感，而且也有助于自己树立良好的社交形象。否则对方没能下得"台阶"而出了丑，可能会记恨终生。相反，若注意给人"台阶"下，可能会让人感激一生。是让人感激还是让人记恨，关键是自己在"台阶"上不陷入误区。

说话锦囊

尽量避免因自己的不慎而使别人下不了台，能适时地为陷入尴尬境地的对方提供一个恰当的"台阶"，也是处世的一大原则。

空气突然安静，巧用自嘲打破

与人聊天，最怕空气突然安静。但是，人群中，总有人会口不择言；我们也不可能时时都能找到或者很自然地接住别人的话题，与其产生共鸣。所以，尴尬难免发生。这时候，反驳或者辩解起到的作用微乎其微，冷静从容地应对，才是调节气氛、化解难堪的上上策。

李总虽身居高位，职场上雷厉风行，待人却亲切随和，员工们谈起他，也是一个"大写的服"。

李总家里添了一位小公主，宴请宾客，其中一位女客人，隶属于他的部门的职员，还带着一个四岁多的小女孩儿。交谈中，李总见小女孩儿活泼可爱，不禁想起自己的女儿，于是格外亲近，便不时地逗她玩。在玩耍时，小女孩儿忽然惊奇地叫了起来："叔叔，你脖子上怎么有个疤？"天真又很不合适的问话，使在场的人都陷入了尴尬之中，小女孩儿的母亲更是面露难色，很是愧疚。

这时，李总急中生智，巧妙地解答："叔叔脖子上不是疤，这是花，这叫'颈'上添花。"李总话一说完，在场的人们纷纷点头称是，心中为李总的机智所折服，小女孩儿的妈妈也向李总露出了感激的微笑。

故事中，小女孩儿无心的过失，使所有人都陷入尴尬的局面，女孩儿的母亲更是不知所措。李总冷静、幽默的自嘲，让所有人都松了一口气，也活跃了现场的气氛，同时自己也赢得了众人的赞赏和钦佩。试想，如果李总采取沉默的态度，或者勃然大怒，必定会搅了聚会，众人不欢而散，以后的工作氛围，也势必会受到影响。

很多人觉得，拿自己开涮是非常尴尬的事情。实际上情况恰恰相反，大多数能够拿自己开涮的人，一定都是有着超强大的内心，他们从不畏惧来自外界的诋毁和伤害，能够做到镇定自若。自嘲的人往往有自知之明，他们知道无论自己怎么调侃自己，自己的优越性都不会随之消失，自己的实力也不会因此而减退。从李总的自嘲之中，我们还看到了他急中生智的幽默，从而更加钦佩他的灵活机敏。

说话锦囊

尴尬的情况发生，从容不迫的自嘲，最终能起到调节气氛的作用，也能赢得人们的敬佩和赞叹。

我说的谎，是善意的谎

"谎言"一个人人憎恨的字眼，包含着虚伪和欺骗，但有时，它却包含着不忍和关爱，那便是善意的谎言。

善意的谎言是生活的希望，是沙漠中的绿洲，让人们能坚定地活下去。善意的谎言具有神奇的力量，鼓舞着我们不断地进步。

一架小型飞机在飞越沙漠时遇到了沙尘暴。沙尘暴非常强烈，飞机被迫降落。由于飞机无法恢复起飞，通信设备也损坏，与外界通信联络中断，9 名乘客和 1 名驾驶员陷入了绝望之中。求生的本能使他们为争夺有限的干粮和水而大动干戈。

紧急关头，一位临时搭乘飞机的乘客站出来说："大家不要惊慌，我是飞机设计师，只要大家齐心协力听我指挥，就可以修好飞机。"这好比一针强心剂，稳定了大家的情绪。他们自觉节省水和干粮，团结起来和风暴、困难做斗争。

十几天过去了，飞机并没有修好。但有一队往返沙漠的商人驼队经过这里，搭救了他们。后来，人们发现那个临时乘客根本就不是什么飞机设计师，他是一个对飞机一无所知的小学教师。有人知道真相后骂他是骗子，愤怒地责问他："大家命都快保不住了，你居然还忍心欺骗我们？"小学教师说："假如我当时不撒谎，我们能活到现在吗？"

善意的谎言承载着祝福和爱，在它的鼓舞下，人们会生出一种巨大的力量，从而克服一切困难！

有一位教师，面对一群顽劣异常、难以管教的学生无计可施，就对学生撒谎说自己有特异功能，可以预测未来。学生们都好奇地凑了过来，他抓起一个学生的手细细查看后说："你的掌纹清晰细密，逻辑思维能力强，将来能成为数学家。"接着，他为一位大眼睛的女生相面，说："嗯，你的眼睛大而含情，感情必然丰富，将来能当作家或编剧。"说完他又指着一位身材瘦小的男生说："哟，你的手又瘦又长，具有艺术天赋，将来能当艺术家呢！"学生们对老师的话半信半疑，但自此以后，他们的精神面貌大不一样了，因为美好的未来在召唤着他们。后来，这个班级的很多学生都成绩斐然。

多年以后，师生们再次相聚在一起，学生们对老师的特异功能佩服得五体投地。老师却说："其实，我哪有什么特异功能，我只是根据你们每个人的特性，将一个个美丽的谎言种植在你们心里，后来，你们通过自己的努力，将这些谎言变成了现实。"

在日常生活中，难免会有磕磕绊绊、矛盾摩擦，这时善意的谎言就是润滑剂，能消除误会、化解摩擦。

小明和小丽是一对中年夫妻。小明平时经常加班，小丽总是先做好了饭，等着小明回来一起吃。每次吃饭时，小明都吃得津津有味，连连称赞："味道好极了，比中午在公司吃的饭强多了，真想顿顿都吃你做的饭！"小丽听到丈夫的赞美，非常开心，不停地劝说小明多吃。

一次，家里来了客人，由于天色已晚，小丽便建议在家里吃饭。小明对小丽说："还是出去吃吧，在家做麻烦！""怎么会麻烦呢？"小丽弹了一下小明的脑袋："做饭也不是难事，你天天夸我做得好吃，这次就让我在客人面前好好露一手吧！""好的，那你先做吧，我出去买几瓶酒！"

小明说完，匆匆出去。他到超市买了两只烧鸡，又买了些熟食和火腿，然后拎着酒，匆匆赶回家。

回到家后，小明趁妻子在厨房忙碌时小声对客人说："我妻子做的饭其实不怎么好吃，不过我平时都吃惯了，还常常夸奖她，她就信以为真。今天她非要露一手，我不想扫了她的兴致，就让她做了。一会儿大家吃饭的时候一定要包涵啊。我刚刚出去买了点儿熟食，大家可以尽情地吃！"客人们被他对妻子的爱所感动，纷纷答应。

吃饭的时候到了，小丽快乐地端上了菜，小明劝大家多吃多喝。客人吃得很畅快，纷纷赞扬小丽的厨艺，小小的房间洋溢着欢声笑语。

善意的谎言是隐晦的星星，虽然不明亮但也耀眼，善意的谎言是美好的承载，虽不沉重但也坚实！

说话锦囊

善意的谎言承载着祝福和爱，是生活的希望，是消除误会的润滑剂。

可以道歉，却不随便

在西方国家，尽管很多男士都是绅士，却很少轻易道歉。因为每个人都有承担责任的强烈意识，所以知道对不起并非是随便可以说的。当你说了对不起，就意味着你已经承认自己是有责任的一方。因而，在不能确定自己有责任时，最先忙着做的不应该是说对不起，而是要界定责任。尤其是很多涉及经济赔偿的事情，一句"对不起"也许就会成为呈堂证供，因此千万不要出于礼貌而随口说出"对不起"。在法治社会，对不起的分量是非常之重的。尽管日常生活中的诸多小事并不需要我们对峙法庭，但是我们依然要学会控制自己脱口而出的冲动，不要随便说对不起。即便是与最亲密的人之间，我们也不能毫无原则地道歉，否则日久天长，我们的歉意就会变得轻飘飘的，没有任何分量。

在费尽千辛万苦追到现任女友默默之后，原本骄傲的那威就像是变了一个人。现在的他，一改往日高傲的形象，总是像一只温驯的小绵羊一样对待女朋友。他不仅对女朋友千依百顺，而且每当女朋友噘起小嘴生气时，他都忙着道歉，根本不去深究女朋友生气的原因是什么。在爱情之中，那威迷失了自己。有一次，女朋友因为在地铁上与他人争抢座位而争吵，那威居然也帮着女朋友和他人一起吵架。不得不说，那威是完全失去了原则。

随着那威道歉次数的越来越多，女朋友也越发地刁蛮任性。她对待那威就像是对自己的一只宠物，根本不尊重那威，更别说为了那威做爱的付出啦。终于有一天，那威与女朋友之间爆发了超级大战。事情的起因很简单，那威带着女朋友回家吃饭，妈妈精心准备了糖醋排骨，但是女朋友对着香甜的饭菜却大发雷霆，当着妈妈的面就使性子："那威，我要吃红烧排骨，我不要吃糖醋排骨。"那威好言好语地哄她开心："乖啊，吃饭，就吃糖醋排骨。对不起，都怪我没有提前告诉妈妈你喜欢吃红烧排骨。等到下个周末咱们回家时，我让妈妈做红烧排骨，你还想吃什么，我都让妈妈做。"不承想，女朋友却继续不依不饶地说："我不，我偏不！"这时，妈妈正色说道："又不是小孩子，挑食偏食。糖醋排骨吃着不也很好吗，那威就爱吃糖醋排骨！"女朋友突然生气地说："我不吃了。"说完，她就拿起小包摔门而出。那威觉得当着妈妈的面很没面子，因而也跟出去追女朋友喊她回来吃饭，女朋友却毫不留情地说："你除了会道歉还会干什么？你妈欺负我的时候你干吗去了！"那威陪着笑说："我妈那不也是心疼我吗！你就委屈一下吧！"不承想，女朋友却说："那你就回你妈面前当孝顺儿子吧，反正我也早就厌恶了你这个只会说对不起的窝囊废。"女朋友的这句话，让那威简直如同五雷轰顶，他呆呆站在原地很久，女朋友早就跑得不见踪影了。

直到此刻，那威才意识到自己在爱情里卑微到尘土里，却换不来真心诚意的爱情。从此之后，他再也不会轻易道歉了，即使女朋友回头还请求他的原谅，他也像个爷们似的昂首挺胸，不为所动。他暗暗下决心：我要重新开始一段爱情，找回最真实的自己。

因为对千辛万苦才追到的女朋友的喜爱，原本个性极强的那威一改往日的高傲模样，放低姿态，处处都以女朋友的需求和喜好为主，而且每当女朋友生气或者耍小性子时，他都无理由地道歉。原本，他以为这样就能得到女朋友的真爱，却不承想被女朋友称作只会说对不起的窝囊废。至此，那威才意识到泛滥的东西总是不被珍惜，对不起也是如此。因此，痛定思痛的他决定改变自己，重新找回自己，再次开始新的爱情。

在与女朋友相处的过程中，很多男孩不管是否真的是自己的错，一旦看到女朋友生气或者耍小性子马上就会表达歉意。日久天长，就会把女朋友惯得越来越娇纵，不管遇到什么事情，都随意任性，逼着你道歉。如此一来，势必影响彼此间的感情。

生活中，每个人都会犯错误，因为人不是神，不可能真正做到面面俱到，十全十美。我们的习惯是，在做错事情的时候就道歉，有的时候哪怕不是我们错了，但是为了获得暂时的安宁，我们也会道歉。

任何时候，对任何人，我们都不能轻易地说对不起，虽然讲礼貌、宽容都是绅士的表现，但是在需要的情况下我们必须明确界定责任，才能勇敢地承担责任。而且，即便是对亲密的人，我们也不能一味地退让，否则道歉就变成毫无意义的付出，甚至招人反感与厌烦。

有些人在职场上充当老好人，不管工作的责任是否在自己，一遇到上司追责就会一味地承担责任，表示歉意。如此一来，上司最终必然觉得他的道歉一文不值，没有任何含金量，甚至对他的工作能力产生怀疑。正确的做法是，在需要承担责任的时候，如果是原则性问题，我们一定要分清责任，在确定确实是自己的责任时，才可以道歉和承担责任。否则不由分说地就道歉，只会让人觉得你真的有问题。

说话锦囊

> 当你说了对不起，就意味着你已经承认自己是有责任的一方，在不能确定自己有责任时，最先忙着做的不应该是说对不起，而是要界定责任。

借他人之口转达歉意

现实生活中，有些人明知自己错了，也想向对方表达歉意，然而由于自尊心太强，面子太薄，当面道歉难为情，或者双方因为其他的原因不便亲自对话。另外，当过错严重、对方对你成见很深时，当面道歉肯定会被对方劈头盖脸地训斥一通，因为对方只会发泄情绪，而难以接受道歉。

这时，就可以考虑巧妙地借用"媒介"，让中间人为自己传达歉意，兴许还能收到当面道歉收不到的好效果。等对方气消了，心情稍微平静之后，再亲自道歉。

使用这种技巧，有两个关键之处：

一是选择合适的第三者，最好是对方的好朋友；二是你与第三者的交谈一定要恰到好处地表达歉意，并且让第三者明白你的良苦用心，只有这样，第三者才会替你转达歉意。

借他人之口转达歉意，这个第三者最好是双方都认识或者要好的朋友，也可以是领导。不论是朋友还是领导，道歉都要表现出你的诚意，如果你"犹抱琵琶半遮面"，何谈一个"诚"字？也不要说推卸责任的话，如"要不是因为……他（她）也就不会……"这样一味地强调客观原因，说得好像自己根本没有错，那又何必道歉呢？

巧借他人之口转达歉意，不仅可以保全致歉者的面子，对于接受道歉的人来说当他了解了致歉者的良苦用心后，也可能会因为感动而不再生气。

说话锦囊

巧妙地借用"媒介"传达歉意，不仅可以保全致歉者的面子，对于接受道歉的人来说，也可能会因为致歉者的良苦用心感动而不再生气。

EMOTIONAL INTELLIGENCE IS
THE ABILITY TO SPEAK

第六章

反驳的话，情商高的人
会迂回着说

被动和主动，只是一步之差

宋朝著名的哲学家朱熹有一句名言："故君子之治人也，即以其人之道，还治其人之身。"

1978 年，美国国务卿基辛格向记者团介绍苏美两国关于限制战略武器谈判的情况。这时，有记者问基辛格："请问先生，美国有多少导弹潜艇在配置分导式多弹头导弹？"此事明显涉及了国防机密，是绝对不应该说出来的，但是怎么拒绝呢？基辛格灵机一动，机智地答道："我不确切知道正在配置分导式多弹头的'民兵'导弹有多少，但导弹潜艇的数目我是知道的，但不知这个数字是否保密？"那位记者急于知道答案，连忙答道："这个不是保密的。"基辛格听到后，马上说："既然不是保密的，那你说是多少呢？"记者听到这里，哑口无言，再也不能追问下去了。

基辛格运用的就是一个两难推理：如果潜艇数字是保密的，那么我便不能说出；如果潜艇数字不是保密的，那么大家都会知道，我自然不必说出。所以，不管潜艇数字是不是保密的，我都可以不用说出！

两难推理的关键在于找到对方逻辑上的漏洞，并借用这个漏洞，进而以对方的逻辑来反驳对方，最后让对方陷入两难的境地。

从前，古希腊有个国王，他想一次处死一批囚徒。那时候，处死囚徒的方法有两种：一种是砍头，一种是用绳绞死。

国王派刽子手向囚徒们宣布道："国王陛下有令——让你们任意挑选一种死法，你们可以任意说一句话——如果说的是真话，就绞死；如果说的是假话，就砍头。"

反正是一死，大部分囚徒顾不得多想，就很随意地说一句话。结果不是因为说了真话而被绞死，就是因为说了假话而被砍头。

在这批囚徒中，有一个很聪明的人。当轮到他来选择处死方法时，他忽然巧妙地对国王说："你们要砍我的头！"

国王一听感到很为难：如果真的砍他的头，那么他说的话是真话，而说真话是要被绞死的；但是如果要绞死他，那么他说的"要砍我的头"便成了假话，而假话又是应该被砍头的。他的话既不是真话，又不是假话，也就既不能绞死，又不能砍头。

国王只能挥挥手把他放了，从那以后国王再也不用这种形式让死囚选择行刑的方式了。

当然，我们还可以根据情况的不同，来为对方设置一个逻辑圈套，让对方不得不接受你的观点。

古印度有一位皇帝很自负，有一次他郑重其事地向天下臣民昭告：如果有臣民能讲一个他从没听过的故事，他就会将自己的女儿嫁给他。此话一出，引得全国男人蜂拥而至，尤其是朝内的贵族公子，每天都准备精彩的故事献给皇帝。但是，每次有人讲完故事，皇帝都说自己听过了，就这样，始终没有人能娶到皇帝的女儿。有一天，来了一位很聪明的农民，他跟皇帝说："我讲一个真实的故事给陛下听，不知您有没有听过。"皇帝很好奇，马上让他讲。农民说："陛下，从前你爷爷和我爷爷是非常要好的朋友，他们一起玩耍，一起做生意，那时我爷爷很有钱，你爷爷因为做生意向我爷爷借了100块金币，他向我爷爷许诺，发达之后，要您将金币还给我并将您女儿嫁给我，陛下，这个故事您有没有听过啊？"皇帝一下哑口无言，只好乖乖地将女儿嫁给他。因为皇帝如果说听过，按照他爷爷的许诺，不但要还金币而且要嫁女儿；如果说没听过，那么，按照自己的许诺，只需要把女儿嫁给他即可。

在日常生活中，如果遇到别人的刁难，我们不妨认真地分析，进行有效的推理，将计就计，利用对方逻辑上的漏洞，让对方陷入两难的境地，从而变被动为主动，自然而然地达到自己的目的。

说话锦囊

"故君子之治人也，即以其人之道，还治其人之身。"

最好的拒绝，有幽默的陪伴

在与人交往的过程中，拒绝与被拒绝总是不可避免的。然而，当我们需要表达拒绝时，总是难逃一个"不"字，而这个"不"字又恰恰是最难说出口的，说不好就很容易得罪人，闹僵关系。其实，学会用幽默的方式拒绝别人，故作神秘、深沉，然后再突然点破，让对方在毫无防备的大笑中失望，也不失为一种交际策略。

罗西尼是意大利的一名音乐家，由于每四年才有一个闰年，因此在他过第18个生日时，已经72岁了。在罗西尼过生日的前一天，他的朋友告诉他，他们为他筹集了一笔钱，准备为他立一座纪念碑。

罗西尼听了，反而诙谐幽默地说："这简直是浪费钱财，你们把这笔钱给我好了，让我自己站在那里就好！"

可见，化解拒绝的尴尬，最好的方式莫过于轻松的幽默，特别是轻松的自嘲式幽默。

再看一个故事。

有一次，意大利音乐家帕格尼尼为了赶一场演出，着急忙慌地跨上一辆马车，他一边催车夫快点儿，一边向车夫问价。

"先生，你要付我 10 法郎。"马车夫知道他是大名鼎鼎的音乐家，于是有意敲诈他。

"你在开玩笑吧？"帕格尼尼吃惊地问道。

"据我所知，人们去听你一根琴弦拉琴，你可是每人收 10 法郎啊！我这个价格不算多。"马车夫振振有词。

"那好吧，我付你 10 法郎，不过你得用一个轮子把我送到剧院。"听了帕格尼尼所说，马车夫目瞪口呆。

很显然，第一个故事中的罗西尼不同意朋友们的做法，但是出于友情又不好直接拒绝，于是他提出了一个想法，含蓄地拒绝了朋友们的要求，虽然想法有点儿不切实际，但是却不会伤害朋友。

第二个故事中的帕格尼尼，对于车夫的敲诈勒索，并没有表现得义愤填膺，断然拒绝，而是先表示同意，然后提出一个令车夫无法做到的条件。这样就在客观上起到了拒绝勒索的作用。

人际交往时，若是一味地接受，往往会让自己陷入困境，特别是在我们无法满足对方提出的不合理要求时，更要及时恰当地表达自己的想法。这种情况下，如何既将"不"说出口，又换来他人的宽容和体谅就显得尤为重要。

此时，诙谐、幽默的表达方式，往往能让对方听出弦外之音，既避免了使对方难堪，又轻松化解了对方被拒绝的不悦心情。可以说，轻松的幽默不失为一种理想的方式，特别是轻松的自嘲式幽默，可以让对方清楚地感受到你的拒绝，但又不会显得太激烈。

宽容的态度会让被拒之人感受到你的友好和轻松，这样才有助于化解拒绝带来的尴尬，而对方也不至于因为请求被拒绝而伤了面子和自尊。所以，幽默的拒绝一定要有一颗宽容的心，唯有保持宽容，才能镇定自若地应对局面，才不会乱了方寸而胡言乱语。

我们在拒绝他人时，也需要这样的轻松。特别是在别人有求于我们，而我们又不能施以援手时，要尽量给人一些心理上的安慰。这样，对方即便被拒绝，也不会很尴尬。

说话锦囊

> 轻松的幽默，特别是自嘲式的幽默，不失为一种理想的拒绝方式，既不会显得太激烈，也不会伤了对方的面子和自尊。

请将不如激将

在日常生活中，如果我们的请求是有难度的，那么利用激将法寻求他人帮助无疑效果显著。只要你深谙激将法的技巧，并且也很了解被求助的一方的性格特征，你就一定能把这个技巧运用得炉火纯青。

　　作为当代世界上大名鼎鼎的典狱长，路易斯自从去了辛辛监狱，就从未离开过。而当年他接受这个任务，只是因为纽约州州长史密斯的激将法。当时的情况是，辛辛监狱接连更换典狱长，干得最长的典狱长，也只在那里待了3个星期。毫无疑问，没有人愿意在辛辛监狱典狱长的职位上度过自己的一生，毕竟这是个政治色彩浓郁的职位，搞不好就会影响政治前途和生涯，为了这样一份工作赌上自己一生的命运，简直太冒险了。毫无疑问，在被问及是否愿意去辛辛监狱任职时，路易斯也有这样的担心。

　　当时，看到路易斯犹豫不决的样子，负责与他沟通此事的史密斯靠在椅背上，面带笑容地说："你很年轻，我当然知道你的顾虑，辛辛监狱典狱长无论如何也不能算是个好差事。看到你吓成这个样子，我毫不吃惊。我想，我的确需要物色一个大人物去辛辛监狱，这样才能镇得住那里的局面。"听完史密斯的话，路易斯经过短暂思考就决定接受这个艰巨的任务。从此之后，他在那里扎根，而且成为最著名也是最成功的典狱长。

　　在辛辛监狱工作的时间里，他不但在监狱里推行"人性化措施"，给监狱带来了神奇的改变，还创作了一本名为《辛辛两万年》的书，一出版就很畅销。根据他在监狱里的故事，很多导演都争先恐后地改编电影，至今已经有十几部以辛辛监狱为原型的影片问世。不得不说，路易斯把辛辛监狱典狱长的职务做到了极致。

　　对于这个典狱长换人如同走马灯似的辛辛监狱，路易斯当然心中志忑，况且辛辛监狱本身也臭名昭著，让所有人都唯恐避之不及。为了找到合适的人员来顶替空缺，当时作为纽约州州长的史密斯只能点将。但是，面对有可能遭到拒绝的预想，他必须得想个周全的办法才能保证顺利点将，因而，他采取了激将法对待犹豫不决的路易斯。果然，当听到史密斯说"看到你吓成这个样子，我毫不吃惊"时，路易斯选择去辛辛监狱。正是凭着这股被激发起来的不服输的气势，他很快就在辛辛监狱站住了脚，而且一干就是很多年，不仅把辛辛监狱治理得井井有条，而且还把这份工作做到了极致，也因此让自己和辛辛监狱一起声名大噪。不得不说，史密斯的激将法是很成功的。

史密斯也正是抓住了路易斯的这种心理，才能成功地激发路易斯不服输的气势，最终点将成功。

在生活中，很多人都不愿意因为他人的请求而损害自己的利益，这是人之常情。但是，人们心底里也往往会有不服输的情绪在涌动，他们在很多时候接受艰巨的任务，就是为了证实自己的能力，帮助自己博得他人的认可和赞许。

需要注意的是，因为每个人的脾气秉性不同，所以在使用激将法时，我们一定要综合考量交谈对象的脾气秉性以及所托之事的难易程度。在任何时候，我们都不能强人所难地求人办事。激将法只有因人而异、对症下药，才能起到预期的效果。尤其是对于争强好胜、爱面子的人而言，效果更是显著。因而，只有做到有的放矢，才能事半功倍。

说话锦囊

> 因人而异，对症下药，你就一定能把"激将法"这个技巧运用得炉火纯青。

以退为进，赞同反对你的人

没有人愿意被他人否定，这不但挫伤了我们的自信心，也会使我们觉得丢了面子。因而，在任何形式的交谈中，都不要直截了当地否定对方。正确的做法是，先认同对方的观点，给足对方面子，让对方能够敞开心扉接纳你。然后再婉转地表明自己的观点，表达自己的意见，这么做才更容易让人接受。

作为一名跑步机销售员，小张的销售业绩总是处于低迷状态。对此，他很苦恼。这一天，单位里组织销售技能通关，小张很高兴，因为他想借此机会看看自己到底哪里做得不好。

同事们依次进入会议室找销售总监通过，一个多小时之后，才轮到小张。小张走进会议室，看到总监正在一台事先摆放好的样机前面。他走上前去，问："您好，女士，请问您需要这台跑步机吗？"总监扭头看了小张一眼，说："跑步机的确不错，但是价格太贵了。而且，随便哪里都可以跑步啊，为什么非要花这么昂贵的价钱买跑步机呢？"听了总监的话，小张脱口而出："你这种观念可不对。要是大家都按照你这种想法，我们那么多跑步机都卖给谁呢？"小张话一出口，看到总监脸色陡变。接下来的交谈变得很不顺利，原本和颜悦色的总监似乎看小张哪里都不顺眼，总是和小张拧着说话。就这样，小张的通关成绩完全是不合格。

事后，总监在当着所有同事的面点评时，特意把小张的通关作为反面教材讲了一遍。总监语重心长地告诉大家："小张的专业知识等都没有问题，现在可算找到自己销售业绩不好的原因了吧。你张嘴就说顾客说的是错的，否定顾客，顾客还怎么会从你这里购买跑步机呢？即使他真的需要一台跑步机，只怕也会换个销售再买。对于顾客否定跑步机的功能，谁能给出正确的应答？"说完，总监点名让公司的销冠艾薇作答，只见艾薇心平气和地说："女士，您说得很对。其实，在咱们上下班的路上，周末休息去公园遛弯儿的时候，都可以跑步。要是每天都能找到合适的时机户外锻炼，真是没有必要买跑步机，毕竟户外锻炼还能晒太阳补钙呢！不过，我不知道您的工作性质是怎样的，每天能否按时下班，我现在每天都要晚上九点才能下班，而且还要倒公交和地铁，十点才到家。半夜三更的，在外面跑步肯定不现实，也不安全。跑步机的优势就在于，只要我们在家里，随时随地都可以使用，也不受刮风下雨的影响，是非常方便的。"艾薇说完后，同事们都给予她热烈的掌声。的确，艾薇这样不卑不亢地说了一番话，真是让顾客心服口服啊！

人与人之间的交流，有时候是信息的传递，有时候是观点的交换，有的时候则是争执和讨论。争执，是因为观点不同。毫无疑问，每个人都想让别人接受自己的观点，似乎只有这样，才能证明自己是对的，也才能战胜他人。这是人的好胜心理在作怪。那么，在不同意他人的观点时，我们如何才能让他人接受我们的观点呢？生硬地批判对方是错的，而自诩正确，往往很难让人接受。甚至还会招致对方的反感，让对方不知道如何继续与你交流下去。

小张直接否定客户，指责客户说的是错的，因而失去了客户的信任和好感，推销进展得很不顺利，而且没有任何收获。和小张愣头愣脑的回答相比，艾薇的回答则显得非常聪明。她不卑不亢，既肯定了客户的意见，也说明了自己的观点，而且非常符合客观的实际情况，如此一来，客户当然心服口服。

在生活中，不管我们是面对客户，还是面对亲戚朋友，抑或是陌生人，要想友好地交流，就必须努力地提升自己说话的水平。尤其是在意见不一致时，千万不要一时冲动地和客户针锋相对，而一定要首先认可和尊重客户，然后再循序渐进地表明自己的观点。

很多直脾气的年轻人都会直接否定他人，殊不知，这恰恰是不顾及他人面子的行为，很容易导致你失去一个朋友。有的时候，对方为了维护自己的尊严，甚至还会与你据理力争，致使彼此在面子上都下不来台，甚而伤了和气。《圣经》里耶稣说的一句话在西方社会人尽皆知，即赶紧赞同反对你的人。这其实是在告诉我们，只有先尊重和认可对方，然后才能以退为进，再把我们的观点适时地传达给对方。大凡在社交之中如鱼得水的人都很清楚，在意见不统一时，最怕针锋相对。所谓退一步海阔天空也是有道理的，只有你先接受对方，对方才能作为回报也尝试着接受你。如此一来，原本剑拔弩张的谈话氛围，岂不就融洽起来了吗？

说话锦囊

在任何形式的交谈中，都不要直截了当地否定对方，先认同对方的观点，给足对方面子，再把我们的观点适时地传达给对方。

以强大的气势开始对傲慢者的反驳

在说服高傲无礼者时，气势起着非常关键的作用。面对底气不足、唯唯诺诺、不敢与别人针锋相对的人，高傲者自然会看不起你。反之，若遇到理直气壮、临危不惧的人，高傲者就会被气势压倒，开始思考你的意见。

在某次招待会上，苏联领导人赫鲁晓夫因对美国通过的一项关于被奴役国家的决议十分不满，便对前来赴会的美国副总统尼克松傲慢无礼地说道："我很不明白你们的国会为什么在如此一次重要的国事访问前夕，通过这么一项决议。"说到这里，他十分愤怒大声嚷嚷起来，"你们这个决议臭得像刚拉下来的马粪，没有比这马粪更臭的东西了！"说完，赫鲁晓夫盯着尼克松。

尼克松想起他看过的背景材料里曾提到过赫鲁晓夫年轻的时候当过猪倌，决定以牙还牙，将赫鲁晓夫一军。于是，尼克松也盯着赫鲁晓夫，用平静的语气，不紧不慢地回敬道："我想主席大概弄错了，还有一样东西比马粪更臭，那就是猪粪！"

赫鲁晓夫听后，额头上的青筋都冒出来了，可是他突然又展开颜笑说："说得很对，你之前说我们应该谈点儿别的，也许你说对了。"

在日常交际中，有些人会因为自己的容貌、资质等优势表现出一种目中无人、蔑视他人的高傲，甚至还会蓄意攻击他人。对此类给他人带来不快、严重影响他人情绪的人，需要进行有力的反击，抑制其恶性的发展。

俄罗斯有一位著名的小丑叫杜罗夫。有一次，杜罗夫表演完在后台休息，这时候突然来了一位十分傲慢的观众，他走到杜罗夫的身边用一种讥讽的语气说："小丑先生，听说观众都非常喜欢你呀！"杜罗夫回答："还好。"那位观众继续轻蔑地说："那你说，想要在马戏团受欢迎，小丑是不是就必须长着一张奇怪又愚蠢的脸蛋儿呢？"

杜罗夫听后并没有大怒，而是微笑着反击回去："确实如此。不过，如果我能长一张像先生您这样的脸蛋儿，我肯定能拿双倍工资！"

这位傲慢的观众用过于唐突的言辞叫杜罗夫难堪，杜罗夫用这种婉转幽默的方法反驳对手，成功地讽刺了傲慢的观众。抓准对方众所周知的痛处是压制对方傲气的有效方式。另外，抓住他人的弱点也是挫其傲气的有效方式。

身为英国的驻日公使，巴克斯是一个十分高傲的人，他同日本外务大臣寺岛宗常和陆军大臣西乡南州打交道时，经常对他们不屑一顾，甚至有时还加以嘲讽。但是他有一个弱点，那就是每当他碰到棘手的事情时，他总会说："等我和法国公使谈了之后再回答吧！"寺岛宗常和西乡南州决定利用这句话攻击巴克斯使其改变这种傲气十足的行为。

一天，西乡南州故意问巴克斯："我很冒昧地问你一件事，英国到底是不是法国的属国呢？巴克斯听后又傲慢无礼地答道："你这说得太荒唐了。如果你是日本陆军大臣，你完全应该知道英国不是法国的附属国，英国是世界上最伟大的君主立宪制国家，甚至连德意志共和国也不能与其相提并论！"

这时候，西乡南州说："我以前也认为英国是个强大的独立国，现在却不这样认为了。"巴克斯愤怒地质问道："为什么？"西乡南州说："阁下无论事情大小，都先与法国公使商谈，如果英国不是法国的附属国，请问，你每次这么做，有这个必要吗？"巴克斯气得说不出话来，从此也再不敢轻视西乡南州了。

孔雀高高地翘着它的尾巴，把周围的一切都不放在眼里。交际场中也有这种高傲的孔雀，面对这样的谈话对象，该表现出刚强的时候要刚强，该反击的时候要反击，适当地挫其锐气，就会压制他的气焰，让他平等地审视自己，甚至赢得他的尊重。

说话锦囊

> 说服高傲者，气势起着非常关键的作用，该表现出刚强的时候要刚强，该反击的时候要反击，适当地挫其锐气，压制他的气焰，让他平等地审视自己。

攻破质疑的真相，会迟到

没有人愿意被他人误解和质疑，尤其是当我们内心坦荡的时候，似乎更觉得这种误解和质疑是一种侮辱。因而，我们总是迫不及待地解释，想要以此证明自己的清白。殊不知，当你因为解释而与对方争得面红耳赤时，当你因为愤怒而对对方出言不逊时，当你因为着急而变得语无伦次时，你就先输了。

解释当然是必需的，但是一定要选准最佳时机。很多人遭到质疑，在事发当时就恨不得马上解释清楚，根本不给他人冷静下来思考的时间和空间，因而导致事态无法控制，甚至朝着恶性方向发展。

实际上，从另一个角度来看，质疑不仅仅代表怀疑，也是一种提醒，更是一种警示。人们常说，有则改之，无则加勉，其实是对待问题的最好方式。别人就算说得不对又怎么样呢，根本不会从实质上影响我们。我们只要坚定不移地做好自己，真相总有一天会不言自明。

作为世界上最优秀的交响乐指挥家之一，小泽征尔是颇具实力的。在音乐的道路上，他非常自信，甚至超过了相信那些业界的权威人士。

早在没出名之前，有次小泽征尔参加世界级的比赛。在指挥乐队演奏的过程中，他敏感地听到一个刺耳的音符。起初，他以为是乐队演奏的问题，因而指挥乐队重新演奏了一遍。然而，问题依然存在，那个刺耳的音符就那么跳脱地闯进小泽征尔的耳朵里。这一次，他确凿无疑地说："乐谱有错误。"无疑问，小泽征尔的发现遭到了在场的评委和权威人士的质疑，他们纷纷说道："这是一场世界级的比赛，乐谱怎么可能会出现错误呢！"小泽征尔面红耳赤，依然坚定不移地说："就是乐谱错了。"他的话音刚落，在场的评委和权威人士全都从座位上起身，给予他经久不息的掌声。原来，这个乐谱中的错误，就是本次大赛隐蔽的考题。在这个评委们专门设计的"圈套"面前，很多信心不足的参赛者都放弃了主见，选择屈服，只有小泽征尔，顶着巨大的压力，坚持自己的看法。毫无疑问，小泽征尔成功了。

有人说小泽征泽尔非常幸运，因为他坚持己见，不畏惧评委和权威人士的压力而退缩，更没有屈服。因而，他才能轻而易举地获得成功。我们说，小泽征尔的成功是必然，而非偶然。要知道，只有极度的自信，才能让他在由世界顶级的评委团和权威专家组成的团队面前，坚定不移地相信自己，毫不退缩。正是小泽征尔的坚持，帮助他找到了正确的答案，也获得了极大的成功。否则他也许终其一生都会碌碌无为，默默无闻，也就不可能有辉煌的成就了。

当我们遭到质疑，心急是没有任何用处的，必须找准时机做出解释，才能起到预期的效果。还有的时候，我们只需要坚持，事实终将会证明我们是正确的。由此可见，面对他人的质疑，我们应该根据实际情况，因时制宜，因地制宜，因人制宜。

在这个世界上，每个人的脾气秉性都是不同的，每个人为人处世的方法也是相异的。我们没有权利要求所有人都符合我们的标准，也不可能做到这点。因而，我们最重要的就是做好自己，至于别人怎么想，怎么说，怎么做，是他们自己的事情。对于他人的评价，你想听就听，不想听则可以将其当作耳旁风。

说话锦囊

> 质疑不仅仅代表怀疑，也是一种提醒，更是一种警示，找准时机做出解释，才能起到预期的效果。

最后通牒，绝处逢生

通常情况下，人们在没有退路的时候都会退而求其次，接受人们的建议。古语"不到黄河心不死"说的就是这个意思。从这一点看，我们在与对手交涉的过程中，就可以虚张声势，适时把话说绝，让对手觉得无路可退，从而令其就范。

若干年前，意大利米兰足球俱乐部的一位著名球星想要得到更高的年度合同酬金，接连几个赛季，他都试着亲自去谈判，但都未能达成满意的协议。这名运动员虽然也颇富有，而且非常聪明，但他却很怕羞。他承认，自己斗不过那个不讲情面的总经理，因为那个总经理手中握有一张王牌：在与球星签订的合同中，有一项是运动员不能跳槽的保留条款。怎样才能使态度强硬的总经理接受自己的要求呢？经过苦苦思索，球星想出了一个绝招。那项保留条款是他不能加薪也不能跳槽的主要障碍，但是这个条款并不能阻止他退出体育界，因此他决定以退出体育圈加入影视界为筹码，向总经理施加压力。

这名运动员虽然腼腆，外形却颇占优势，何况又大名鼎鼎，许多人正巴不得在荧屏上一睹其风采。于是，他开始同一个独资的制片商接洽，并草拟了一份为期 5 年的合同，同时把这一切都告知了新闻界。大众传媒对此进行了大肆渲染。这样一来，那个总经理受到了巨大压力，因为如果这名球星挂靴而去，球迷们定会不依不饶，没准闹个天翻地覆，他的生意也只好告吹。不得已，他最终满足了球星的加薪要求。

这位球星要求提高合同酬金上的做法是明智的。面对不讲情面的总经理，他只得采取这一策略，也就是钻了合同的空子，合同并没有规定他不能退出体育界，而这正是制约总经理的因素。于是，他对新闻界宣布了自己的虚假意图，很明显，这一说法果然对总经理起到了作用，最终只好满足了球星的加薪要求。

谈判过程中，只要我们能抓住对方的心理，根据对方不同的利益需求适时说出让对方毫无对策的话，我们势必会掌握谈判的主动权。具体来说，我们可以根据对方不同的心理，采取不同的对策：

1. 出其不意，让对方迅速做出回应

某国的一家实业公司获得了一个有二等汽车出卖的信息。几天之后，该公司董事长的办公桌上出现了一份报告，这份报告的内容是：在南美的智利，一家铜矿公司最近倒闭。矿主在事前订购了美国道奇、西德奔驰等各种型号大吨位载重货车、翻斗车共计1500辆，全部是新车。为了偿还债务，矿主决定将这批新车折价拍卖。看了这份报告，董事长眼前一亮，1500辆折价拍卖的新车，是多么具有诱惑力呀！

但在该公司获得这一信息的时候，在香港、在智利的邻近，甚至在全世界，这已经不是一个秘密了。此时，时间就是金钱，于是，他果断地授权采购人员说："只要质量好，价钱便宜，你们说了算。"

该公司的采购小组立即飞往智利，同行的还有汽车方面的技术专家。他们对这批共1500辆的崭新的各种载重汽车，一辆一辆地进行技术检验，现场验货。最后结果表明，它们的质量是令人满意的。

随后，双方开始坐下来谈判，经过一番紧张的讨价还价之后，这批载重7~30吨的汽车，矿主同意以低于原价38%的低价出售给该公司，仅此一项该公司就节约了外汇2500万美元。谈判获得了空前的成功。从发现这个信息到成交这笔生意，仅仅花了3个月的时间。

可以说，这家公司的董事长打出了一场迅雷不及掩耳的闪电战。此笔生意之所以能够迅速地成交，在于谈判对手也有迅速签约的打算。矿主急于尽快偿还债务，达成交易的心情迫切，"只要质量好，价钱便宜，你们说了算。"这样一句果断的话自然让谈判对方也做出果断的回应。如果没有这客观条件，单方面讲求迅速往往导致"欲速则不达"的结果。在多角竞争或有多角竞争的潜在威胁的时候，速度具有决定性的意义。拖拖拉拉，贻误战机，只会让你的对手捷足先登。

2. 下最后通牒

美国的一家航空公司要在纽约建立一座规模庞大的航空站，他们找到实力强大的爱迪生电力公司，希望该公司能在电价方面给予优惠。由于是航空公司有求于电力公司，于是电力公司自以为掌握了谈判的主动权，奇货可居，所以态度非常强硬，他们推说如果给航空公司提供优惠电价，公共服务委员会将不予以批准，所以他们不敢擅自做出降低电价的决定。

面对谈判中出现的这一难题，航空公司马上做出相应的反击，他们声称，如果电力公司不提供优惠电价，他们只得停止谈判，立即抽调一部分资金，自己建厂发电，这就意味着电力公司将失去一个最大的用户，其经济损失将是不可估量的。

航空公司此言一出，电力公司便慌了神，他们马上改变了原来的傲慢态度，找到公共服务委员会，请求委员会从中说情，表示愿意给予航空公司最大的优惠价格。于是两家公司顺利地达成了协议。

航空公司在这次谈判中之所以能以优惠价格达成协议，就是因为他们抓住了电力公司害怕失去这单生意的心态，然后对其下出了最后通牒，权衡之下，纵使无奈，电力公司也只好答应航空公司的条件。所谓最后通牒策略，是指当谈判双方因某些问题纠缠不清时，其中处于有利地位的一方向对方提出最后交易条件，要么对方接受本方交易条件，要么本方退出谈判，以此迫使对方让步的谈判策略。当然，高明的谈判者想要成功地运用这一谈判技巧，必须具备两方面的条件。

（1）最后通牒必须使对方无法反击。如果对手能够进行有力的反击，就不能称其为最后通牒。作为一个成功的谈判者，必须有理由确信对方会按照自己预期的结果那样去做。

（2）最后通牒必须使对方无法拒绝。在对手走投无路的前提下，想抽身但又为时已晚的时候，你可以发出最后通牒，因为对手已耗费了许多的时间、金钱和精力，他已经没有了选择的余地。

生活中，谈判无处不在。谈判不是那些外表风光的外交官的专利，它一直都是人们日常生活中不可或缺的组成部分。谈判是我们获得权力和利益的重要手段。谈判中，最重要的莫过于取得谈判的主动权，而要做到这一点，我们就需要掌握对手的心理。

说话锦囊

在与对手交涉的过程中，可以虚张声势，适时把话说绝，让对手觉得无路可退，从而令其就范。

EMOTIONAL INTELLIGENCE IS
THE ABILITY TO SPEAK

第七章

赞扬的话，情商高的人
会润物无声地说

播撒赞美的种子，在大山，在田野

赞美是人类语言的独特创意，它蕴藏着超乎寻常的力量：赞美，犹如久旱的甘露，滋润着萎黄的草木焦渴的心灵；赞美，犹如初春的暖阳，消融着残留的冰雪；赞美，犹如一座灯塔，会在你最迷茫的时刻点亮你搜寻的方向。

山的崇高、水的清澈、花的娇艳、月的皎洁，使人们心驰神往。能诗能文的人，总要挥笔赞美它们、歌颂它们，留下千古传诵的名篇。即使是普通人，在游山玩水时，在花前月下，也会发出感叹："这山真雄伟啊！今晚的月光多好啊！……"

别人身上可赞美的地方比自然界多上千倍万倍。有对历史起了推动作用的名人，一流的科学家、艺术家；有叱咤风云的军事家、政治领袖；有勤勤恳恳为社会服务的人们……诸如此类，都值得一赞。即使没有特别技艺和才能的人，他们性格上也有或多或少的优点。有豪爽的人，有和蔼的人，有细心的人，有大方的人，总之，凡是值得一赞的特征，我们都不妨去赞美。

耶鲁大学著名教授莱昂经历过这样一件事：

有一年夏天，天气非常闷热，他走进拥挤的餐馆去吃午饭。在服务员递菜单时，他说："今天那些在炉子旁烧菜的小伙子一定够受的了。"

那位服务员吃惊地说："上这儿来的人不是抱怨食物不好，就是指责服务差劲。十多年来，你是第一位对我们表示理解和赞扬的人。"

这位教授后来说:"人们所需要的,是一点儿作为人应享有的关怀。"

不要怕因赞美别人而降低自己的身价。相反,应当通过赞美,表示你待人的真诚。记住这一句话:"给活着的人献上一朵玫瑰,要比给死人献上一个大花圈价值大得多。"生活中没有赞美是不可想象的。

百老汇一位喜剧演员有一次做了个梦,自己在一个座无虚席的剧院,给成千上万的观众表演,然而,没有赢得一丝掌声。他后来说:"即使一个星期能赚上10万美元,这种无人喝彩的生活也如同下地狱一般。"

赞美并不是一件容易的事。有些人平时对一切都显出不屑一顾的样子,好像人世间根本不存在值得他赞美的事物。这种人缺乏真情实感,缺乏谦逊的品德。即使口中说出赞美之词,也像是一种虚伪的客套,甚至被人误认为是在讽刺。

当你赞美别人的时候,好像用火把照亮了别人的生活,使他的生活更加五彩斑斓;同时,火把也会照亮你的心田,使你在这种真诚的赞美中感到愉快和满足,并推动你对所赞美事物的向往,引导自己向这方面前进。当你向朋友说"我最佩服你遇事能够坚决果断,我能像你这样就好了"的时候,同时也会被朋友的美德所吸引,竭力使自己也能够坚强果断起来。妻子或丈夫要能学会多赞美对方的话,那就等于取得了最可靠的婚姻保险。

赞美还能有助于被赞美者不断地把自己的美德发扬下去。你赞美一个人的勇敢,就能使他加倍勇敢;你赞美一个人的勤劳,就能使他永不懈怠。多少人从热烈的掌声中，更加奋发；反之，多少人在责怪、怨骂声中消沉下去。

有人说，赞美是一把火炬，在照亮他人生活的同时，也照亮了自己的心田。赞美，有助于发现被赞美者的美德，推动彼此之间的友谊健康地发展，还可以消除人与人之间的龃龉和怨恨。

某地有一家历史悠久的药店，店主皮亚具有丰富的经营经验。正当他的事业蒸蒸日上时，离他不远的地方又新开了一家小店。皮亚对这位新来的对手十分不满，到处向人指责小店卖次药，毫无配方经验。小店主听了很气愤，想到法院去起诉。后来，一位律师劝他，不妨试试表示善意的方法。第二次，顾客们又向小店主述说皮亚的攻击时，小店主说："一定是误会了，皮亚是本地最好的药店主。他在任何时候都乐意给急诊病人配药。他这种对病人的关心给我们大家树立了一个极好的榜样。我们这个地方有很大的发展空间，我们做生意还有很大的潜力，我是以皮亚作为榜样的。"当皮亚听到这些话后，急不可耐地找到自己的年轻对手，还向他介绍自己的经验。就这样，怨恨消解了。

可见，赞美别人的功效多么巨大和神奇。因此，千万不要吝啬你的赞美！

对一个人来说，赞美的重要性无论怎样强调都不过分：上至事业，下至家庭，你人生的高度往往是说话水平的高度决定的。因为一个人办事能力的高低，为人处世怎么样，以及由此留给周围人的印象，大多是通过说话体现出来的。会赞美的人具有强大的亲和力，能迅速与人打成一片，并于三言两语之间办成自己想办的事。

经常赞美别人的人，胸襟多半也是开阔的，心境多半也是快乐的，与人的关系多半也是和谐的，而他个人的生活也多半是富有生命力的。

说话锦囊

> 赞美蕴含着超乎寻常的力量，凡是值得一赞的特征，我们都不妨去赞美。

赞美之火，消除陌生和戒备的坚冰

聊天，永远不是只有话题就足够的。愉快的聊天更是如此，除了要有恰到好处的话题，还要有实实在在的赞美，这样才能营造出热烈的谈话氛围，让每一个参与谈话的人都全心投入。对于聊天而言，赞美是永远不过时的。很多情况下，越是你漫不经心的赞美，就越能打动对方的心，让对方感到激动和兴奋。很多时候，赞美并不是一竿子买卖。因为对方心怀喜悦地对你的赞美做出回应，你们甚至可以由此衍生出其他新鲜的话题，让彼此都投入地畅聊起来。尤其是对于陌生人，如果想要愉快地交谈，就更应该恰到好处地运用赞美。因为赞美能够在最短的时间内拉近人们彼此之间的心理距离，让原本陌生和彼此戒备的人，因为赞美而变得亲近起来。

如果我们发自内心地喜欢和欣赏对方，我们的赞美当然会如心底的清泉一般汩汩而出。然而，如果我们从内心根本不欣赏和喜欢对方的一些观点、生活方式，甚至是穿衣打扮，那么我们还要赞美对方吗？答案当然是肯定的。所谓欣赏，只是以客观者的角度给予他人认可，而并不需要你改变自己什么。因而，不管你是否喜欢对方，为了让谈话更加愉快，你完全可以赞美对方。对美好的事物表现出欣赏和认可的意味，是让人备感愉悦的。

阿雅在南京读大学，但是她的家却在遥远的东北。每次回家，她都要先坐飞机去长春，再从长春转火车回家。暑假已经开始了，阿雅又踏上了回家的漫长旅途。这次，她在飞机上的邻座是一个带孩子的妈妈。孩子两三岁，非常调皮，也很可爱。阿雅是个很外向的人，她可不能忍受自己孤独寂寞地度过好几小时的飞行时间，因而她与妈妈搭讪："这孩子真漂亮，眼睛大大的，忽闪忽闪的，仿佛会说话一样。"听了阿雅对孩子的赞美，妈妈笑着说："谢谢你的夸奖啊！这么大的孩子，调皮得很，打扰你了。"阿雅不以为然地笑着，说："正好我还担心旅途寂寞呢，这下好了，有了这个可爱的小家伙，我想我一定不会无聊了。"妈妈笑了，说："那就好，每次带她出门，我都担心影响别人，因为她实在太顽皮了。你是学生吗，已经放暑假了吗？"阿雅点点头，就此和妈妈聊开了。后来，即便顽皮的女孩儿已经睡着了，但是阿雅和妈妈依然兴致勃勃地聊天。

在与陌生的邻座搭讪时，阿雅掌握了一个原则，即首先赞美那个漂亮的小女孩儿。虽然这赞美不是直接给妈妈的，但是当妈妈听到阿雅赞美她的女儿时，简直比自己得到赞美还开心呢！对于带着孩子的父母而言，赞美孩子几乎是消除隔阂的最好办法，简直屡试不爽。而且，因为赞美奠定了彼此交流的愉快基调，因而整个聊天过程都会变得备受欢迎。赞美在交流中起到多么神奇而又伟大的作用。只要学会赞美，我们就成功地打开了他人的心扉。

当然，也许我们日常遇到的都不是带孩子的人。没关系，只要你认真自信地观察对方，或者退一步来说，哪怕你只是敷衍了事地找了个话题赞美对方，也依然能起到很好的沟通效果。至少，你们彼此之间的关系会亲近很多，你的搭讪就算不成功，也不会招致对方反感。

很多人面对他人的赞美，因为害羞或者内向，要么一笑置之，要么表示否定。实际上，这些都不是最好的回应方法。面对他人的赞美，最好的方法就是坦然接受，并且也发自内心地真诚地赞美他人，这样才能礼尚往来，让交谈更加愉悦和热烈。

每个人都喜欢赞美。在与他人交谈的过程中，人们会因为很多不入耳的话题产生排斥和抵触心理，但是却不会因为他人的赞美而心生不悦。归根结底，喜欢赞美是人的本性。只有尊重和顺应人的本性，我们才能更好地与他人交流和相处。

说话锦囊

> 赞美能够在最短的时间内拉近人们彼此之间的心理距离，让原本陌生和彼此戒备的人，因为赞美而变得亲近起来。

合适的赞美，就像口渴时一杯冰镇的水

卡耐基曾说："当我们想改变别人时，为什么不用赞美来代替责备呢？纵然部属只有一点点进步，我们也应该赞美他。因为，这样能激励别人不断地改进自己。"赞美，不仅满足了对方的心理需求，

而且还能够增强对方的自信心，促使对方不断地取得进步。

美国历史上第一个年薪过百万的管理人员叫史考伯，他是美国钢铁公司的总经理。记者曾问他："你的老板为什么愿意一年付你超过100万美元的薪金，你到底有什么本事？"史考伯回答："我对钢铁懂得并不多，我最大的本事是我会鼓舞员工，而鼓舞员工的最好方法就是表现真诚的赞赏和鼓励。"

原来，史考伯年薪过百万是因为他善于赞美他人。每个人都渴望自己受到别人的赞美，希望自己的价值得到认可，这主要是源于其自尊心和虚荣心。而赞美是一种说话的艺术，合乎人们心理的、精准的赞美言辞会使人感到开心和快乐。在日常交际中，渴望获得赞美的人不计其数，因此，赞美的言辞不可或缺。事实上，我们可以通过赞美的言辞来影响他人的心理，满足其自尊心和虚荣心，从而赢得对方的好感与信任。

在镇压太平军的行营里，一次，曾国藩与几位幕僚闲谈，评论当今英雄。他说："彭玉麟、李鸿章都是大才，为我所不及。我可自许者，只是生平不好诿耳。"一个幕僚说："各有所长：彭公威猛，人不敢欺；李公精敏，人习能欺。"说到这里，他说不下去了。曾国藩问："你们以为我怎么样？"众人皆低头沉思。忽然走出一个管抄写的后生，插话道："曾帅仁德，人不忍欺。"众人听后皆拍掌称是。曾国藩十分得意地说："不敢当，不敢当。"后生告退后，曾国藩问道："此是何人？"幕僚告诉他："此人是扬州人，人过学，办事还谨慎。"曾国藩听后说："此人有大才，不可埋没。"不久，曾国藩升任两江总督，就派这位后生去扬州任盐运使。

那位后生不过说了一句话，就得到了曾国藩的赏识，同时，改变了自己的命运，这真可以说是"一言定升迁"。究其原因，就在于那位后生说出的对曾国藩的那句赞美之词"曾帅仁德，人不忍欺"，大大地满足了曾国藩的自尊心，而后生也因此赢得了曾国藩的信任与好感。

清朝时，一名叫彭玉麟的官员，有一次路过一条狭窄的小巷。一个女子正在用竹竿晾晒衣服，竹竿一不小心掉下，正好打在彭的头上。彭勃然大怒，指着女子大骂起来。那女子一看，正是官员彭玉麟，冷汗不禁冒了出来。但她急中生智，便正色地说："你这副腔调，像行武的人，所以这样蛮横无理。你可知彭官员在我们此地！他清廉正直，假使我去告诉他老人家，怕要砍了你的脑袋呢！"彭玉麟一听这女子在夸赞自己，不禁喜气上升，转而意识到自己的失态，马上心平气和地走了。

女子那番赞美并不是当面"夸赞"，但却胜过当面的赞美，几句话就说得彭玉麟心里美滋滋的。原来自己在民间有这么好的名声美誉，实在不应该为这些小事情而生气。于是，彭玉麟经过了一番思索，只好转怒为笑，心平气和地走开了，而那位女子也是巧用赞美之词化解了自己的困境，足以见得赞美言辞的影响力。

那么，什么样的赞美言辞才能够有效地影响他人心理呢？

1. 赞美对方不为人知的优点

即使再差的人，在其身上也有一两处不为人知的优点，我们都可以巧妙地利用。比如说"你这件礼服真漂亮""你的发型真好看""你这身打扮真有气质"，这样的赞美会使对方感到高兴。

2. 赞美要具体而微

在日常交际中，我们要善于发现对方的细微之处，并不失时机地予以赞美，这时候赞美言辞用得越具体就越有效果，如"认识你这么久了，还不知道你的厨艺那么棒"。

3. 赞美要有新意

赞美的言辞不能千篇一律，要有新意，一般而言，一些突出个性、有特点的赞美会收到更好的效果。比如，爱因斯坦这样赞美比利时的王后："您演奏得太好了！说真的，您完全可以不要王后这项职业。"

生活中是不能缺少赞美之词的，有赞美才会有愉悦的心情，才能与他人建立和谐友好的人际关系。我们不仅要学会赞美，而且要不吝于赞美，每个人都有闪光点，当我们发现了对方的优点时，就要大方地开口赞美，不能吝于赞美。

说话锦囊

　　赞美是一种说话的艺术，合乎人们心理的、精准的赞美言辞会使人感到开心和快乐。

背后赞美是求人的妙药之一

都说，不要背后轻易议论别人，但是，有一种话，在背后说，却能起到积极的作用，那就是赞美的话。

大部分人都渴望和喜欢听到别人的赞美，因为自己得到了别人的欣赏与肯定。人在得到赞美之后，心情无疑是愉悦的；人在心情好的状态下，容易答应别人的请求。所以，在有求于人的时候，不妨先赞美一下。但是这个赞美，如果是当面的，就会让人觉得是有目的性的、是虚伪的，不利于我们达到自己的目的。这时候，不妨使用背后赞美，当着第三人的面赞美对方，当事人一定会非常感谢你的真心赞美，也会相应地对你产生好感，因为他觉得，你在别人面前夸赞自己，一定是发自内心的、真诚的赞美。由此一来，你与对方的关系当然会变得更加亲密，当你提要求的时候，对方作为回报也不会拒绝你。

琼斯家最近准备举办一次家庭宴会，会邀请亲朋好友，还有关系比较好的同事，等等。总而言之，这次宴会规模很大，仅靠琼斯一个人的力量根本不足以完成。如果特别聘请一个厨师，则又会增加费用，而且厨师的美食水准也未必很好。思来想去，琼斯想要邀请邻居玛丽过来帮忙。琼斯曾经吃过玛丽做的甜点，一点儿也不比饭店里的口味差，堪称美味。琼斯想：要是能邀请玛丽来做甜点，一定能让整个宴会的格调都提高很多。的确，对于他们这群热爱甜食的人而言，甜点是宴会上的点睛之笔。不过，琼斯和玛丽并不很熟，只是有过几面之缘而已。思来想去，琼斯想到了一个好办法。

有一天，她在社区里转悠，装作偶然的样子遇到了与玛丽关系最好的露西。琼斯看到露西之后，说起自己家要办家庭宴会的事情，顺其自然地说起了菜单。当提到甜点时，琼斯眼前一亮，带着非常美慕的口吻说："整个社区里，我觉得做甜点最好吃的就是玛丽。记得我曾经吃过她送的一次甜点，简直比在大酒店吃得更美味啊！你跟她熟悉吗？你吃过她的甜点吗？"露西笑着说："当然，她的甜点手艺堪称一流，曾经还有酒店请她去做甜点呢！"琼斯无比崇拜地说："她可真是甜点女王啊！"后来，露西遇到玛丽，特意把琼斯的这番话说给她听，玛丽不由得对琼斯产生好感，也更加为自己的甜点感到骄傲了。直到宴会前几天，琼斯专程登门拜访玛丽，邀请玛丽帮助她一起完成家庭宴会，玛丽几乎不假思索就同意了。琼斯很清楚，这一切都归功于她上次当着露西的面赞美玛丽，这是背后赞美在发挥神奇的作用。

琼斯深知自己和玛丽的关系还没那么深，如果这时候去请她给自己帮忙，遭到拒绝的可能性一定会很大，而且短时间内博得玛丽的好感，加深彼此之间的交情，也是不可能的。采取当面赞美，再说出需求，也会被认为是虚情假意。所以琼斯通过第三者，表达了自己对玛丽的欣赏，让玛丽间接感受到自己的真诚。这时候，琼斯再去请玛丽，自然而然就得到了玛丽的同意。

所以，只要心理学技巧运用得当，求人办事并非很难。背后赞美他人就是求人的灵丹妙药之一，想要在社交场合游刃有余，我们一定要好好掌握这项心理学策略。背后赞美虽然不是当面赞美，但是效果却更加显著，而且拥有强大的力量。因而，在与他人交往的过程中，如果你想给他人留下好感，拉近自己与他人之间的关系，你就可以采取背后赞美的方式表达真心实意，相信不久之后你的赞美就会传到对方的耳朵里，给对方以大大的惊喜。

说话锦囊

　　背后赞美他人是求人的灵丹妙药之一，可以让对方感受到你的真诚，从而缩短你们之间的距离。

让赞美的话，在对的地点遇上对的人

想要博得他人的欢欣与信赖，你必须细细地体察对方的内心，了解对方的各种爱好，以及想法，然后投其所好，让对方觉得和你在一起，才能随他的心愿让他高兴，然后你再求他办事，或者从他那里求得利益，他一定不会轻易拒绝的。

美国著名的柯达公司创始人伊斯曼，捐赠巨款在罗彻斯特建造一座音乐堂、一座纪念馆和一座戏院。为承接这批建筑物内的座椅，许多制造商展开了激烈的竞争。但是，找伊斯曼谈生意的商人无不乘兴而来，败兴而归，一无所获。正是在这样的情况下，"优美座位公司"的经理亚当森，前来求见伊斯曼，希望能够得到这笔价值9万美元的生意。

伊斯曼的秘书在引见亚当森前，就对亚当森说："我知道您急于想得到这批订货，但我现在可以告诉您，如果您占用了伊斯曼先生5分钟以上的时间，您就完了。他是一个很严厉的大忙人，所以您进去后要快快地讲。"亚当森微笑着点头称是。

亚当森被引进伊斯曼的办公室后，看见伊斯曼正埋头于桌上的一堆文件，于是静静地站在那里仔细地打量起这间办公室来。

过了一会儿，伊斯曼抬起头来，发现了亚当森，便问道："先生有何见教？"

秘书把亚当森做了简单的介绍后，便退了出去。这时，亚当森没有谈生意，而是说："伊斯曼先生，在我等您的时候，我仔细地观察了一下您这间办公室。我本人长期从事室内的木工装修，但从来没见过装修得这么精致的办公室。"

伊斯曼回答说："哎呀！您提醒了我差不多忘记了的事情。这间办公室是我亲自设计的，当初刚建好的时候，我喜欢极了。但是后来一忙，一连几个星期我都没有机会仔细欣赏一下这个房间。"

亚当森走到墙边，用手在木板上一擦，说："我想这是英国橡木，是不是？意大利的橡木质地不是这样的。"

"是的，"伊斯曼高兴得站起身来回答说，"那是从英国进口的橡木，是我的一位专门研究室内橡木的朋友专程去英国为我订的货。"

伊斯曼心情极好，便带着亚当森仔细地参观起办公室来了。

他把办公室内所有的装饰一件件向亚当森做介绍，从木质谈到比例，又从比例扯到颜色，从手艺谈到价格，然后又详细地介绍了他设计的经过。

此时，亚当森微笑着聆听，饶有兴致。他看到伊斯曼谈兴正浓，便好奇地询问起他的经历。伊斯曼便向他讲述了自己苦难的青少年时代的生活，母子俩如何在贫困中挣扎的情景，自己发明柯达相机的经过，以及自己打算为社会所做的巨额的捐赠……

亚当森由衷地赞扬他的功德心。

本来秘书警告过亚当森，谈话不要超过5分钟。结果，亚当森和伊斯曼谈了一小时，又一小时，一直谈到中午。

最后伊斯曼对亚当森说："上次我在日本买了几张椅子，放在我家的走廊里，由于日晒，都脱了漆。昨天我上街买了油漆，我打算自己把它们重新油好。您有兴趣看看我的油漆表演吗？好了，到我家里和我一起吃午饭，再看看我的手艺。"

午饭以后，伊斯曼便动手，把椅子一一漆好，并深感自豪。直到亚当森告别的时候，两人都未谈及生意。

最后，亚当森不但得到了大批的订单，而且和伊斯曼结下了终身的友谊。

为什么伊斯曼把这笔大生意给了亚当森，而没给别人？这与亚当森的口才很有关系。如果他一进办公室就谈生意，十有八九要被赶出来。亚当森成功的诀窍，就在于他了解谈判对象。他从伊斯曼的办公室入手，巧妙地赞扬了伊斯曼的成就，谈得更多的是伊斯曼的得意之事，这样，就使伊斯曼的自尊心得到了极大的满足，把他视为知己。这笔生意自然非亚当森莫属了。

想要在与客户交往中一鸣惊人，有所成就，那就必须先尊重别人，赞美别人，让对方觉得自己是个重要人物，满足他们的成就感。

现实生活中，与人交往，无论是与朋友还是客户交谈，不妨多谈谈对方的得意之事，这样容易赢得对方的认同。如果恰到好处，他肯定会高兴，并对你有好感。

说话锦囊

细细地体察对方的内心，了解对方的各种爱好，以及想法，然后投其所好，赞美别人，满足他们的成就感。

EMOTIONAL INTELLIGENCE IS
THE ABILITY TO SPEAK

第八章

批评的话，情商高的人
会掌握好分寸

指出错误的话，可以迂回地说

许多人在表达不同意见或指出对方错误的时候，总是喜欢以称赞开始，然后拐弯抹角地加上"但是"两个字，这样很容易令人怀疑原来的赞美之词是否表里如一。其实，很多时候，为了达到友善地改变他人的目的，只要换一个简单的词汇，就能潜移默化地改变他人。

举个例子：为了改变儿子约翰在学习上粗心大意的习惯，约翰的妈妈经常这样说："约翰，我们真心为你这学期的进步而感到骄傲。但是如果你在数学上能再用点功，成绩肯定会比现在更好。"

我们可以想象，约翰在听到"但是"之前，一定是备受鼓舞的，然而，妈妈脱口而出的"但是"很可能会瞬间改变他的想法，让他觉得前面的夸奖根本就是敷衍了事。虽然妈妈这么做只是为了给之后的批评做铺垫，但是很显然，这种措辞方式不但使赞美的真实性大打折扣，对孩子的学习态度也不会有什么帮助。

如果我们改变一两个字，情形就会大为改观。假如妈妈能够把"但是"换成"而且"，问题就迎刃而解了。

"约翰，妈妈真心为你这个学期的进步而感到骄傲。而且，下个学期你在数学上要是能继续保持这种认真细心的态度，你的数学成绩一定会和其他科目一样好。"

在这样的夸奖背后没有后续的批评等着孩子，相信约翰一定能欣然接受妈妈的夸奖，也一定会努力不让她失望。很多时候，尤其是对于敏感的人或是敏感的事情来说，直接的批评往往会引起对方强烈的不满，而间接地指出错误却可以达到理想的效果。

罗德夫妇为了重新整修一下自己的院子，请了几位建筑工人来帮忙，施工的头几天，夫妇俩下班回家后，发现木材、废料丢得满院子都是。

说实话，建筑工人的木工活儿做得确实不错，他们不想让对方觉得自己太挑三拣四。于是，在工人走后，他们夫妇俩带着孩子一起清理了院子，还把所有的碎木头搬到院子的一角，并码放得整整齐齐。

第二天早晨，罗德夫妇把工长叫到一旁说："昨晚，你们把花园清理得那么干净，看着那么舒服，真是太让我感动了。"

从那以后，工人们每天完工之前都会把剩余的边角料清理干净，码放到角落里，工长也会亲自检查他们收工后的清理情况。

罗德夫妇原本可以对建筑工人的所作所为大发脾气，但是他们非常清楚这样说会引发怎样的后果。于是，他们巧妙地通过一件事情让粗枝大叶的建筑工人在施工完毕后自愿把院子打扫干净，间接地指出了他们的错误并产生了奇迹般的效果。

很多时候，与其正面纠正他人的错误，倒不如间接地引起别人的注意，这并非包容、纵容，而是在暗示对方"这样做不好""你需要做得更好"。要知道，间接地指出别人的错误，往往比直接说出来的效果更温和、更有力量，而且也不至于引起别人的强烈反感。关键的是，别人也知道该如何改进以达到我们的期望。

说话锦囊

> 与其正面纠正他人的错误，倒不如间接地引起别人的注意，潜移默化地改变他人。

悦耳的忠言，是绕了个圈子的忠言

"良药苦口利于病，忠言逆耳利于行。"这是中国的古训，在历史的潮流中，有不少直言敢谏的良臣义士为这句话付出了生命的代价，在涉及大是大非的问题上，我们必须要敢说，不怕忠言逆耳。但是，在人际交往过程中，却不一定非得如此。说话时绕一绕圈子，讲究些策略，不仅可以使你顺利达成目的，还可以使你增加一个谈得来的朋友。

秦汉之际，刘邦率兵攻破函谷关，进入咸阳，灭了秦朝。他进入秦朝皇宫，见宫室富丽堂皇，美女珍宝不计其数，于是流连忘返，想留在宫中，享受一下做皇帝的快乐。

将军樊哙见此情景便气冲冲地责问："沛公，你是想得天下，还是想当富翁？此室中所有，皆秦所以亡天下也，沛公赶快回灞上，千万别留在宫中。"刘邦听了，大为反感，不予理睬。

不一会儿，张良劝刘邦说："只因秦王贪暴，不得人心，你才取得今天的胜利，我们既然为天下除去暴君，理应以俭朴为本，现在刚进咸阳，若又像秦王一样享乐，岂不等于助纣为虐？况且，'良药苦口利于病，忠言逆耳利于行'，希望您能听从樊哙的劝说。"他们终于说服刘邦还军灞上，揭开了楚汉战争的序幕。

张良与樊哙同为批评刘邦，但张良成功了，樊哙失败了，原因在于张良恰到好处地抓住了刘邦的心理，强调刘邦所关心的成败问题，再加上语气委婉动听，虽是批评意见，刘邦听起来顺耳，因此就欣然接受。樊哙就比较鲁莽，话语暗含讥讽，令刘邦心生反感，因而对他的话置之不理。

良药苦口利于病，忠言逆耳利于行。但是，为什么良药就一定是苦的，忠言就一定是逆耳的呢？现代医学十分发达，许多良药如蜜糖、如水果，早已不苦口。语言科学发展至今，批评的忠言也可做到"顺耳"，人人爱听。

在日常生活中，所有的批评和建议如果只提对方的短处而不提他的长处，对方肯定会感到心理上的不平衡，或者感到委屈。最有效的办法之一就是先讲自己的缺点和过错。

因为你讲出自己的错误，就能给对方一种心理暗示：你和他一样都是犯过错的人，这就会激起他与你的"同类意识"。在此基础上再去批评或给对方建议，对方就不会觉得失面子了，因而也就更容易接受你的批评和建议，你的忠言也通过顺耳的方式传递给了对方。这也算含蓄的一种方法。

在现实生活中，能够接受他人批评的人并不少，但是由于批评或建议者的方式方法不对，导致批评建议不被接受，甚至反目成仇的例子也并不鲜见，中国古代讲究"文死谏、武死战"，为了辩论一件事的是非曲直，往往会导致一批人身首异处。我们说这些忠臣良将的精神是可嘉的，但是他们的方法却未必可取，因为劝谏的目的是让对方听从我们的意见，而不是丢掉我们的性命，而且文臣死谏后，皇帝往往不会改弦更张，那活生生的性命就丢得太可惜了。在现实生活中也是这样，我们劝阻对方，除了避免即将出现的损失和破坏外，还希望能够加深两个人之间的友情。

我们常说："正因为是朋友我才这样劝你，要是其他人，我才懒得管呢，可是，如果我们的方法方式不对，我们不但阻止不了错误后果的产生，连朋友也做不成了。这样就太得不偿失了。

人都是有自尊心和荣誉感的，有的人之所以不愿接受批评或建议，主要是由于怕触伤自己的自尊心和荣誉感。为此，我们在给他人批评和建议时，如果能找到一种含蓄委婉的方法，把握好劝说的时机和对方性格情感的变化，及时调整劝说的策略，让对方潜移默化地接受你的意见，反而更能达到使其改正错误的目的。所以，当我们决定给他人进"忠言"的时候，一定要考虑好对方当时的情绪和心理状态，设计好劝说对方的策略，采取能接受的"批评"方式，使对方心平气和地接受你的意见，并且对你心存一份感激，这就是忠言所要达到的预期效果，而且"忠言"听起来也不再"逆耳"了。

俗话说："尺有所短，寸有所长。"人一旦犯了错误，并不说明他一无是处；反之一个人做了件好事，也不能说他做的每件事都是好的。因此，我们在发现别人犯了过失时，既然决定要批评或指出，就一定要注意方式、方法，过急或过火必然会招致对方厌烦。然而过轻或过迟，对方则可能根本意识不到。所以，只有及时和含蓄地提出批评或错误，让忠言不再变得逆耳，才能发挥应有的作用。

说话锦囊

> 把握好劝说的时机和对方性格情感的变化，及时调整劝说的策略，让对方潜移默化地接受你的意见，这样，"忠言"就不再"逆耳"了。

直言批评，不如婉言规劝

说话委婉，指不直言其事，故意把话说得含蓄、婉转一些。同样，委婉的批评，指直言不讳地指出对方的错误，而是绕个圈子，在保全对方颜面的前提下，说出事情的症结所在。

邹忌是齐国的谋臣，以敢于进谏和善于辩论著称。据《战国策》记载，有一次邹忌听齐威王弹琴，他借弹琴来说明治国安民的道理，弹琴要音调和谐才算善于弹琴，治国也和弹琴一样，能安抚百姓才算是善于治国。齐威王听后，大为赞赏，于是封他为齐相。

邹忌身高八尺，仪表堂堂。一天早晨，他穿戴好衣帽，照着镜子，对他的妻子说："我同城北徐公比，谁漂亮？"他妻子说："您漂亮极了，徐公哪能比得上您呢？"城北的徐公，是齐国的美男子。邹忌还是不相信自己会比徐公漂亮，就又问他的妾："我同徐公比，谁漂亮？"妾说："徐公怎么能比得上您呀？"第二天，有客人从外边来，邹忌同他闲聊时，又问他："我和徐公比谁更漂亮？"客人说："徐公不如您漂亮。"又过了一天，徐公来了，邹忌仔细端详他，自己觉得不如徐公漂亮。再照镜子看看自己，觉得比徐公差远了。晚上躺着想这件事，说："我妻子认为我漂亮，是偏爱我；妾认为我漂亮，是害怕我；客人认为我漂亮，是想有求于我。"

第二天，上朝拜见齐威王，邹忌觐见说："我确实知道自己不如徐公漂亮。但是我的妻子偏爱我，我的妾害怕我，我的客人想有求于我，因此他们都认为我比徐公漂亮。如今齐国有方圆千里的疆土，一百二十座城池，宫中的嫔妃、近臣，没有不偏爱您的；朝中的大臣没有不害怕您的；全国的老百姓更是没有不有求于您的。由此看来，大王您受蒙蔽很深啦！"

齐威王深感有理，于是就下了命令："官吏、百姓能够当面指摘我的过错的，可得上等奖赏；书面劝谏我的，可得中等奖赏；在公共场所批评议论我的过失，传到我耳朵里的，可得下等奖赏。"命令刚下达，许多大臣都来进献谏言，宫门和庭院像集市一样热闹；几个月以后，还不时地有人偶尔进谏；满一年以后，即使有人想进谏，也没有什么可说的了。燕、赵、韩、魏等国听说了这件事，都到齐国朝拜齐威王。这就是齐国身居朝廷，不必用兵就战胜了敌国的故事。

邹忌由己及人，想到齐威王所受的蒙蔽，决定劝谏。而聪明的邹忌深知，义正词严的直言规劝，势必会激怒齐威王，让他觉得自己是在说他昏庸，这样不仅达不到规劝的目的，可能还会丢了性命。所以，他采取了迂回的方式，婉言规劝，从自身的经历入手推己及人，阐述国君的处境也是一样，用具体的事实说明抽象的道理，变深奥为浅显，变复杂为简明，变逆耳为顺耳，委婉而有说服力。

委婉批评不是适用于所有人，面对不同性格的员工，领导者也要采取不同的批评方式。

对于那些盲目自大、自我觉悟性差，但易于感化的员工，适合采用的是参照式批评法，即借助他人的经验教训，运用对比的方式烘托出批评的内容，使被批评者感受到客观上的某种压力，促其自我反省；对惰性和依赖性都比较强的员工，触动式的批评法是最好的，即批评时措辞较尖锐，语调较激烈，但决不能讽刺挖苦、肆意辱骂；对自信心很强的员工，渐进式批评法可以采用，即批评时对错误不"和盘托出"，而是逐步传达出批评信息，使对方逐步适应，逐步接受，这种方式不至于一下子谈崩；对于脾气暴躁、性格倔强、容易激动的员工，建议采用商讨式批评法，即以商讨的方式，平心静气地使他在一种友好的气氛中自然接受批评意见；对于善于思考、性格内向、各方面比较成熟的员工，建议采用发问式批评法，即将批评的信息以提问的方式传递出去，员工自然就会意识到，并加以注意；对有些犯错误的员工不易当面批评，可以采用"曲线救失"的方法，即可以通过第三者，如其他员工，"漫不经心"地向犯错误的员工传递批评信息，力求改正。

说 话 锦 囊

用具体的事实说明抽象的道理，变深奥为浅显，变复杂为简明，变逆耳为顺耳，委婉而有说服力。

先用自我批评做个铺垫

当错误或失误发生，一般人都会是以下表现：追究他人的责任，为自己的过失辩解，或极力掩饰。

卡耐基说过："一般人常因他人的批评而愤怒。"所以身陷困境，一味地指责，只会引起抵触甚至是反抗。如果多体谅对方，理解对方，多做自我批评，那么，别人也会对你的过失采取谅解的态度，不再计较你的错误，甚至反思自己，最终达成双方一致的解决方案。

20世纪下半叶，日本经济整体下滑，影响到了电器业。松下电器公司召开全国销售会议。会议开始之际，董事长松下幸之助将公司亏损情况大致介绍了一下。

松下幸之助讲完以后，一位销售经理站了起来："大家有什么意见都可以讲出来，造成今天亏损如此严重的局面，主要是总公司的指导方针有误，作为公司负责人要检讨自己的过失。"会议一开始，现场就充满了火药味。

"总公司指导有误是难免的事，可是也存在许多经营状况良好的企业，是你们太缺乏独立自主的精神，不会随机应变，才导致亏损如此严重，怨不得别人！"松下幸之助忍不住出言反击。

"还谈什么精神？我们今天来的目的不是听您说教的。"有人高声道。

持续三天的会议，争吵声不断。台上，松下幸之助不断反驳各地销售代表的意见；台下，各地代表不断指责总公司及董事长的失策。

最后一天的会议中，松下幸之助走到台前，说："这三天的会议，我们互相指责，该说的都说了，我也没有什么好辩驳的了。现在，我说说我最终的感想。过去的一切，我们共同承担。当然，我作为董事长，难辞其咎，给大家以及公司带来的损害，我深表歉意。我保证好好反省，认真研究大家的意见，让大家能维持稳定经营。最后，还是请大家原谅公司的不足之处。"说完，松下幸之助向台下深深地鞠了一躬。

一时间，台下鸦雀无声。大家都被董事长的言论感动了，许多员工眼眶湿润，低下了头，偷偷用手帕擦拭眼泪。

"董事长不必如此，是我们经营不善。"

"嗯，是我们不够用心，该反省的应该是我们。"

"我们一起努力，公司一定会好起来的！"

台下不断高呼，且响起了雷鸣般的掌声。大家干劲十足，劲往一处使，心往一处用，终于渡过了经济危机。

松下幸之助用一番自我批评的言辞，让"军心涣散"的松下电器公司又重新团结起来。有时候，我们可能真的没有什么过错，但事情又确实与我们有关。这时，如果我们能在批评别人之前，先做一番言辞恳切的自我批评，也许就会让事情解决得更加顺利。

真正的智者，敢于接受别人的批评，同时敢于自我批评。而一听别人对自己提出批评就暴跳如雷、且不敢自我批评的人是愚蠢的，这样的人只会失去人心。尤其是领导，恳切的自我批评，会团结人心，鼓舞士气，激发员工羞愧自省的心态，从而反思自己，找到不足，重整心态，奉献公司，这样大家才会凝结到一起，去解决问题。反之，领导逃避责任，下属也会有样学样。

说话锦囊

如果我们能在批评别人之前，先做一番言辞恳切的自我批评，也许就会让事情解决得更加顺利。

润物于无声的幽默批评

批评，本就是一件不容易被轻易接受的事情，尤其是言辞激烈、态度严肃的批评。幽默，是化解尴尬、调节气氛的良药。将幽默运用到批评中，则能给予被批评者一种情感上的滋润，营造出一种和谐融洽的气氛，起到春风化雨、润物无声的效果。夹杂着幽默的批评，也是一个人机智、大度、有修养的体现。

几个属鼠的同学在某一次考试中成绩优异，他们很得意，甚至于有点儿骄傲，他们的班主任发现了他们的骄傲心态，就对他们说："怎么，骄傲了？你们知道骄傲意味着什么吗？请注意下午的班会。"听完老师的话，那几个同学面面相觑，心想：糟了！在下午的班会上，估计要受到强烈的批评了。

可是出乎他们意料的是，班主任在班会上的批评并非狂风暴雨，反而妙趣横生。他说："常言道：'林子大了什么鸟都有。'这天下大了，就什么老鼠都有。我听过这么一个故事：话说有一只小老鼠发现两个小孩在下斗兽棋，小老鼠就一声不吭地在旁边观看，它发现了一个秘密，尽管斗兽棋中的老鼠可以被猫吃掉、被狼吃掉、被虎吃掉，却可以战胜大象。于是，这只小老鼠在心里认定，自己才是百兽之王、森林之主呢！这么一想，小老鼠从此得意起来，它瞧不起猫，瞧不起狗，有时甚至拿狼寻开心。有一天，它还大摇大摆地爬到了老虎的背上，恰好老虎正在打瞌睡，懒得动，就抖了抖身子。小老鼠毫发无伤，于是他变得更加得意。一次，它趁着黑夜钻进了大象的鼻子，大象就觉得鼻子痒痒，打了个喷嚏，小老鼠立马像出膛炮弹似的飞了出去，最后，'扑通'一声掉到了臭水坑里！"

同学们都被老师绘声绘色的故事逗得开怀大笑。

老师接着说："好，现在我们看一下这个'臭'字的写法，上下结构，'自''大'再多个点就是'臭'了。咱们班属鼠的同学也不少，那么，这些'小老鼠'会不会也掉到臭水沟里呢？我想不会，但必须有一个条件，那就是保持谦虚，永不骄傲！"

说完，这位班主任还特意看了看那几个属鼠的同学。那几个同学当然明白，老师的批评都包含在那个有趣的故事里了，他们很感激班主任没有直接批评他们，很快就意识到自己的缺点了。

面对这几个骄傲自满的学生，班主任就用了幽默式的批评，通过有趣的小故事，暗示他们，使他们自己悟出其中的含义、明白其中的道理。如果班主任采取的是严厉的斥责或者直接的打击，肯定不会有这么好的效果。幽默的批评，使人在笑的同时，心甘情愿地接受了批评。

一个优秀的教育者，通常运用幽默的方式对学生进行批评。幽默既妙趣横生，令人发笑，又鞭辟入里，令人回味。在批评过程中，使用富有哲理的故事、有趣的双关语、形象的比喻、诙谐的发语等，使批评在轻松愉快的气氛中进行，通常能收到事半功倍的效果。

学生迟到了，满以为老师要批评他，而你在门口"恭候"他时却说："对不起，老师今天又比你来早了。"一句意外的玩笑话，也许会让学生感到更加不好意思；学生在黑板上写了一行字，歪了，一边高，一边低，学生战战兢兢，以为老师会说让他注意，以后把字写正点儿，而你却大加赞赏他的书法富有诗意，"一行白鹭上青天……"这一幽默式的批评更能给他留下深刻印象。

幽默式的批评，总能和颜悦色、心平气和地纠正人们的毛病与缺点，不动声色地让人们在笑声中看到自己或他人的丑行或影子，然后有所悔改，虽然只有三言两语，却轻松诙谐，深寓哲理而启迪人的心智，使人开窍。

巧用幽默的话，表达批评的含义，往往胜过其他的语言。

说话锦囊

> 使用富有哲理的故事、有趣的双关语、形象的比喻、诙谐的语言等，使批评在轻松愉快的气氛中进行，通常能收到事半功倍的效果。

批评之后给对方铺退路

有一位老师曾遇到过这样一件事：下课了，有个学生向老师反映，昨天她爸爸作为生日礼物送给她的一支黑色派克钢笔不见了。老师观察了一下全班同学的表情，发现坐在该女生旁边的那个学生神情惊慌，面色苍白。钢笔可能是她拿的。当面指出吧，苦于没有充分的证据；搜身吧，又不近情理。这位掌握一定心理学知识的老师想了想："别着急，肯定是哪个同学拿错了。只要等会儿她发现了，一定会还给你的。"说完，老师看了看那个学生。果然，下课以后，那个拿了钢笔的同学趁旁人不在的时候，赶紧把钢笔偷偷地放回了那个女同学的笔盒里。

这个故事告诉我们，如果他人犯错误，我们批评时要抱着一种理解的态度，不要一棒打死，而是要在批评之后给对方铺退路。因为，人都是有各种各样的弱点的，完美的人只有在童话或神话中才存在。现代生活中的人都是凡夫俗子，都或多或少地犯错误。

假如老师直接把自己的怀疑说出来，并严厉地批评偷笔的同学，把话说绝，把退路都堵死了，难免会使一时犯错的同学受到伤害，甚至会因使对方过于难堪而导致更糟糕的状况发生。相反，这位老师用暗示的方法给犯错的同学留下了弥补错误的机会。在人际交往中，我们不应该对所有犯错的人都予以不可辩驳的宣判，而是应该使对方下定"明天起要再加油"的决心，给他们改正醒悟的机会。

有时候为了给犯错的人铺一条退路，还可以假定双方在开始时没有掌握全部事实。例如，你可以这样说：

"当然，我完全理解你为什么会这样设想，因为那时你不知道那回事。"

"在这种情况下，任何人都会这样做的。"

"最初，我也是这样想的，但后来当我了解到全部情况时，我就知道自己错了。"

从另一个角度来说，人与人之间的个人情感是不能回避的。随着社会的发展，人际交往中的人情味也会变得越来越浓。社会越前进，社会分工越细，人际的情感依存越强，人的情感就显得更加可贵。这个问题有利也有弊，社会中的领导者尤其应该重视这个问题。比如对一些影响不大，又不属于原则性的错误，进行了批评，达到了批评的目的，就可不再声张，甚至也不必再言及领导班子中的其他人。有时也可以直接告诉被批评者，说明到此为止，不再告之他人。这都可使对方得到尊严上的安全感，产生情感约束力。

精明的人在说话时都懂得不撕破脸，在对方没有退路时给对方铺退路。这样对方也会自知理亏，而早早收场，不再纠缠。

说话锦囊

如果他人犯错误，我们批评时要抱着一种理解的态度，不要一棒打死，而是要在批评之后给对方铺退路。

EMOTIONAL INTELLIGENCE IS
THE ABILITY TO SPEAK

第九章

拒绝的话，情商高的人
会不伤和气地说

聪明的人会用最合适的方式拒绝

人与人之间的感情，因为关系的远近，总是不同的。在拒绝他人时，我们必须考虑彼此之间的交情，然后再找一个最合适的理由。除了找借口之外，我们还可以以半真半假开玩笑的口吻拒绝他人，只要是聪明人，肯定都能意会。如果实在不知道如何拒绝，还可以以反问的语气否定自己，如"你看我这样子像是有钱人吗"这样的话一说出口，对方当然明白你的意思。总而言之，拒绝的方式多种多样，我们必须找到最合适的方式，才能最恰当地拒绝他人。

大学毕业后，叶子就与好友丽娜分道扬镳了。叶子去了遥远的南方城市打工，想要打拼出属于自己的一片天地。丽娜呢，则回到家乡，在父母的安排下成为一名公务员，过着安稳的生活。几年之后，叶子与丽娜偶然相聚。丽娜问叶子："叶子，你在深圳一个月能挣多少钱？肯定很多吧。"叶子一时间不知如何作答，沉默了一会儿才说："工资的确很高，不过深圳消费也很高，每个月所剩无几。""得了，你这个白领还在我面前哭穷啊。说真的，我的确有事求你。我不是交了个男朋友吗，下半年就要结婚了。原本他家里说给我们买套两居室，我觉得太小了，怎么也得是个大三居吧，所以还差点儿钱。你能不能借我点儿钱？"丽娜不假思索地说。

叶子听到丽娜的话，很想直接说"不"。但是一想到彼此之间大学时的情谊，又说不出口。在大城市生活惯了的叶子，坚持从不向他人借钱，也不借钱给他人。为此，她委婉地说："我这几年确实也攒了些钱，不巧的是，我这次回家之前，把钱都买基金定投了，必须要等到三年之后才能取出来。如今，我身上只剩下点儿零花钱，就等着领下个月的工资呢！你要是不着急，等到期我就取给你。"听到叶子的话，丽娜当然也不傻，赶紧说："这样就算了。我是想着你要是有闲钱不用借给我呢！没关系，家里亲戚朋友多，我再想想其他办法。"

原本，如果叶子直接生硬地拒绝丽娜，丽娜一定会对彼此间的大学情谊感到失望。幸好，叶子情急之下想到了一个好借口，表面看来承诺丽娜三年之后基金到期就借给她用，实际上委婉地拒绝了丽娜。当然，丽娜也不会等到三年后才买房子，因而借钱的事情就不了了之了。如此一来，她们的情谊还在，丽娜也不至于觉得太尴尬。

在拒绝他人时，一定要注意别伤害他人的面子。大多数能够张口向你求助的人，一定是觉得你们彼此之间关系还算亲近的，倘若毫不顾及对方的面子，一定会伤害彼此间的情分。拒绝时，一定要表明自己是能力不足，或者有实际困难，这样对方才不至于觉得你是因为不信任他，才拒绝帮助他。还有的时候，我们也要表明自己的立场和态度，告诉对方我们的拒绝是一视同仁的，是原则问题，这样对方如果通情达理，也就能够体谅你了。

如果一个人不会拒绝，就会成为他人的奴隶，由此可见，学会拒绝是多么重要。尤其是在现代社会，人际关系越来越复杂，我们总是要与形形色色的人打交道，因而学会拒绝就显得尤其重要。在很多人心里，拒绝就是说"不"。其实，拒绝的方式有很多种，如果只会说"不"，则未免显得生硬。而且，还有些人因为腼腆或者善良，总是不好意思说"不"。每当遇到这些情况，我们就需要学会其他的拒绝方式了。

尤其是在职场上，如果你是一个从不会说"不"的人，那么你就会给自己招来无数麻烦。当你成为同事心中的老好人，会有越来越多的人把本该自己完成的工作强加于你，导致你出力不讨好，甚至还因为工作上出现纰漏而被上司批评。实际上，现代职场每个人都是各司其职，如果你会拒绝，完全无须承担他人的工作。在生活中，虽然我们打交道的都是亲戚朋友、亲人爱人等，不会拒绝也同样会导致生活陷入困境。如果你恰巧有个不怕麻烦人的朋友，那么不会拒绝的你就等着被他使唤吧。总而言之，我们虽然不能吝啬，但是也要学会拒绝他人不合理的请求，这样才能更好地经营自己的生活和工作。

说话锦囊

> 拒绝的方式多种多样，我们必须找到最合适的，才能最恰当地拒绝他人，这样既不伤害对方的面子，又赢得了原谅。

婉拒对方的好意，幽默是最好的招数

一个人要会说"好"，也要在该拒绝的时候会说"不"。不会说"不"，你就不是一个品格完整的人，你会变成一个不情愿的奴隶，你会成为别人的需要和欲望下的牺牲品。

约翰·洛克菲勒是美国第一个亿万富翁，他不善言辞、神秘莫测，一生都在各种不同角色和层层神话的掩饰下度过。他的一生为慈善事业捐出的钱高达 7.5 亿美元之多。

有一次，在下班途中，一个陌生人拦住了洛克菲勒，述说着自己种种的不幸，好像这个世界上很多倒霉事都被他一个人遇到了。然后，他用恭维的口气对洛克菲勒说："洛克菲勒先生，我从20里外步行来找您，路上遇到的每一个人都说你是纽约最慷慨、最大方的大人物。"

洛克菲勒知道这个拦路人是向他要钱，但是，他很不喜欢他的这种要钱方式。他虽然是一个不善言辞的人，但是幽默起来却也思维敏捷。他说："你一会儿是不是还要按原路回去呢？"

那个人立刻回答说："是的。"

于是，洛克菲勒说："那太好了！我请你帮个忙，你一会儿告诉你刚刚遇到的每一个人说：'你们说的都是谣传。'"

在与人交往时，我们也会遇到一些事情，想要拒绝别人。拒绝人的方式有许多种，倘若直截了当地拒绝对方，难免会使双方都感到尴尬。洛克菲勒这种幽默风趣的拒绝方式不失为一种很好的方法，既委婉地拒绝了对方，又不伤和气。

由此可见，拒绝别人也需要幽默。别人对你的要求无论是赞同还是反对，你都有权利说"不"。只有这样，你才能顾及自己的实际情况，同时以真诚的态度面对对方。

用幽默的方式拒绝别人，有时可以故作神秘、深沉，然后突然点破，让对方在毫无准备的大笑中淡化失望的情绪。

有一位"妻管严"，被老婆命令周末大扫除。正好几个同事约他去钓鱼，他只好回答："其实我是个钓鱼迷，很想去的。可成家以后，周末就经常被没收啊！"同事们听了都哈哈大笑，也就不再勉强他了。

有时候拒绝的话像是胡搅蛮缠，但因为它用幽默的方式表达出来，也就在起到拒绝目的的同时，让别人很愉快地接受了。

此外，还可以用假设的方法，虚拟出一个可能的结果，从而产生一个幽默的后果，而这个后果正好是你拒绝的理由。这样，不仅不至于引起不快，反而可能给别人带来一点儿启发。

在生活中，有很多我们不想面对的人和事，但不愿意将拒绝的话说出口，可是，迫于需要又不得不说；同时我们也不希望"品尝"被拒绝的滋味。这时候，不妨出其不意地敲对方一下，以便打退对方。如果缺乏机会，不妨制造机会，先使对方兴高采烈，使用幽默的语言，然后趁对方缺乏心理准备时，找到借口及时退出，从而达到拒绝的目的。

说话锦囊

　　拒绝，用幽默的方式表达出来，既避免了尴尬，又不伤和气。

暗示的拒绝也是一种艺术

拒绝的话一向都不好说，说得不好很容易损伤对方的面了，或者让自己陷入尴尬的情境之中。所以，我们在拒绝他人时，需要讲究策略，最关键的一点就是用含蓄委婉的语言来传达"拒绝"的心理。

有一天，萧伯纳收到了著名舞蹈家邓肯的求爱信，她在情书中写道："如果我们结合，有一个孩子，有着和你一样的智商，和我一样的身姿，那该多美妙啊！"萧伯纳看完信以后，很委婉又很幽默地写了回信，他在信中说："依我看那个孩子的命运不一定有那么好，假如他有我这样的身体，你那样的智商岂不糟糕了吗？"

邓肯收到信以后，明白了萧伯纳的拒绝之意，她失望地离开了，但她一点儿也不怨恨萧伯纳，反而成了他最忠实的读者和好朋友。

拒绝是需要讲究技巧的，尤其是语言上的诀窍之处，只有掌握了这些技巧，才会既不得罪人，又能让别人欣然接受。

1. 采用幽默的方式拒绝他人

在拒绝的时候，我们需要考虑对方的面子，而幽默地拒绝恰好可以巧妙地体现这一点，用幽默的方式来拒绝对方，让对方在毫无准备的大笑中失望。

2. 委婉地拒绝他人

一位男青年被女播音员优美动听的声音吸引，来信希望见一见播音员本人，对此，播音员在回信中说："这位听众朋友，首先，我了解你的心情，感谢你的好意。你听过'知人知面不知心'这句格言吧，看来，交朋友最难的是交心。那么，还是让我们做知心的朋友吧！"女播音员通过语言暗示"拒绝"，而且拒绝方式极其婉转，回应了男青年提出的无理要求。

3. 间接暗示

有时候面对下属提出的建议，上司不忍拒绝，只好委婉地暗示："这个想法不错，只是目前条件还没有成熟，我觉得你应该把工作重心放在现阶段的主要工作上。"

4. 诱导性暗示

身边的同事或朋友可能会向你打听一些绝密的事情，但原则问题要求你保密。这时候，你不妨采用诱导性暗示，诱导对方自我否定。比如，你可以对他说："你能保密吗？"对方肯定回答："能。"然后你再说："你能，我也能。"

5. 借用他人之口暗示拒绝

如果自己不知道该如何拒绝，你可以借助他人之口把拒绝的暗示语说出来。比如利用公司或者上司的名义进行拒绝："前几天董事长刚宣布，不准任何顾客进仓库，我怎么能带头违反规定呢？"或者说："这件事我做不了主，我会把你的要求向领导反映一下，您看这样好吗？"

在日常生活中，我们都不可避免地会遇到需要拒绝的人或事，面对别人提出的不合理、不合适的要求或者自己不愿意去做的事情，这时我们需要说"不"。但是，直接的拒绝将意味着对他人意愿或行为的一种否定，无形中会挫伤对方的自信心，甚至伤害对方的自尊心。那么，如何既能保全双方的面子，又巧妙地达到拒绝的目的呢？我们可以通过语言来向对方暗示说"不"，拒绝也是一种艺术，这样既能达到巧妙拒绝的目的，又不至于让对方产生不快的情绪，这才是最高明的拒绝。在某些时候，我们不得不说"不"，当然，拒绝并不是以伤害他人为目的的，而是以和为贵，尽量在保全双方面子的前提之下进行。另外，一个人的心理是可以通过语言来暗示的，当我们想要拒绝的时候，不妨把这种心理通过言语传递给对方，达到保全双方面子的目的。

说[话]锦[囊]

> 直接的拒绝将意味着对他人意愿或行为的一种否定，无形中会挫伤对方的自信心，甚至伤害对方的自尊心，这时候，不妨试试暗示的方式。

对于真小人，与其拒绝不如拖延

人们常说，宁愿得罪君子，也不要得罪小人，这句话是很有道理的。小人完全不讲情面，也不遵守规矩，一旦其展开疯狂报复，就会让我们难以招架。在生活中，只要小人没有明目张胆地与我们叫板，或者逼迫我们反击，最好的办法就是避而远之，或者维持表面的和平，使用拖延术。

熟悉历史的人知道大奸臣魏忠贤，曾经风光一时，名利双收，如果你因为一时气恼而得罪了这样的小人，那么你一定会吃尽苦头，甚至招来杀身之祸，唯有拖延术，才能争取到宝贵的时间，最终对其斩草除根。现代职场，也有很多小人得势的情况发生。我们唯有灵活巧妙地应对小人，才不至于牵连自己的前途和命运。

唐朝时期，郭子仪在朝为官，深得皇上宠爱，因而风光无限。当时，有个叫卢杞的人也是朝廷的官员，不过官位远在郭子仪之下。郭子仪生性随意，言行举止都很随便，总是对文武百官漫不经心。但是唯独对卢杞，他总是礼数周全，毕恭毕敬。有一次，卢杞去郭子仪家中拜访，郭子仪如临大敌，不但穿着朝服衣冠整齐，还喝令家里的人全都躲避到后厢房，不许任何人随意出入。对此，家人很不理解，妻子便问郭子仪："有些大臣官位远在卢杞之上，也没见你用这么高的礼仪相迎。为何卢杞一来，你就如临大敌，万分紧张，还生怕有任何疏忽呢？"

郭子仪说："你个妇道人家懂什么？虽然卢杞现在还未得势，但是他为人聪明，且心术不正，而且又很善于溜须拍马。有朝一日，他一定会春风得意甚至成为我的上司。如果我现在对他漫不经心，不小心得罪了他，让他对我怀恨在心，那么等到他有朝一日有权有势，一定会报仇雪恨。要知道，我对待他人非常随意，是因为他人都是君子，不会私下里搞小动作。但卢杞则不同，他是真小人，一旦得罪他必然后患无穷，而且防不胜防。"果不其然，卢杞凭借着老谋深算，居然官至宰相，一人之下，万人之上，无限风光。他刚刚得势，就开始报复那些曾经得罪过他的人。郭子仪因为一直对他小心翼翼，最终免遭毒手。

郭子仪显然很清楚小人的特性，因而对卢杞百般忍让，万般小心，一直在使用拖延术稳住卢杞。对于郭子仪的态度，非常值得我们借鉴。毕竟，我们虽然不与小人为伍，也不能与小人反目成仇。毫无疑问，与小人为敌的感觉也是很难受的。郭子仪非常明智，选择了正确的方法与卢杞相处，最终在很多官员都惨遭毒手的情况下，得以自保。

生活中，有很多人都愿意和君子打交道，而看到小人就头疼。这是因为，君子做事守规矩，也能讲得通道理，但是小人做人做事则完全没有章法可言，也根本讲不通道理。对此，遇到与小人或者无赖打交道时，我们直截了当地拒绝也无法达到预期目的，也许还会导致小人恼羞成怒，最终事与愿违。如果不幸被小人纠缠，当讲道理行不通，说感情对方也无动于衷时，不如采取拖延战术，无限期地拖延下去。这样一来，小人也会无计可施。

也许有人会说，面对小人一定是恨不得马上与其划清界限的，怎么还有心情与其继续拖延呢？然而，对于不按常规出牌的小人而言，激烈决绝的方式未必能够起到很好的效果。一旦将其激怒，也许就会使事态恶化，甚至无法控制。对于心胸狭窄的小人而言，拖延术能够麻痹他们，让他们放松警惕，也不会狗急跳墙地使出下三滥的手段。由此一来，也就为我们争取了宝贵的时间思考对策，看看怎么做才能更好地解决问题。

说话锦囊

> 如果不幸被小人纠缠，当讲道理行不通，说感情对方也无动于衷时，不如采取拖延战术，无限期地拖延下去。

客套的话成就拒绝的美

拒绝，是一门不折不扣的艺术，尤其是语言的艺术。恰到好处的拒绝，最佳方式的拒绝，一定不会让双方都陷入尴尬的境地。尤其是以客套的语气与对方说话，更是无形中拒人于千里之外，聪明人一定能够领悟你的深意，不再继续与你纠缠不休，也会重新掂量你们的交情，再决定是否把不情之请说出口来。

一直以来，豆豆都默默地喜欢顶头上司方思远。方思远比豆豆年长几岁，也比豆豆早几年进入公司，小伙子不但长得精神，而且非常机灵，待人处世都很周到。刚刚来到公司半年多，豆豆就对方思远产生了好感，因而总是有意无意地找方思远汇报工作，还会故意与方思远一起吃午餐。对于豆豆的好感，方思远起初并没有在意。他有女朋友，而且是两小无猜，青梅竹马。如今，他的女朋友正在国外读书，他也一心一意地等着女朋友学成归国。不过，大多数同事都误以为方思远是单身，因而有好几个女同事都暗恋他。

正值情人节，豆豆决定向方思远表白。她精心准备了巧克力，还预订了西餐厅的餐位。然而，看到豆豆这么大张旗鼓，方思远意识到了问题的严重性，因而平日里与下属打成一片的他一本正经地说："谢谢你，豆豆。你是个很好的女孩，你聪明善良，善解人意，而且工作能力也很强，未来一定不可限量。我呢，我并不如你想象的那么好。相信我，未来一定有更合适的男孩在等着你，你这么优秀。"豆豆显然受到打击，因此失落地说："既然如此，巧克力我已经准备好了，还是送给你吧。"方思远连连推辞："不不不，无功不受禄，我怎么能接受你的礼物呢！这样吧，我请你吃饭，但是仅仅作为普通朋友好吗？正好我女朋友也不在国内，咱们这两只单身狗就搭伴吃饭吧，如何？"听到方思远居然有女朋友，豆豆更加绝望了。她在方思远一连声的客套中，告辞方思远，一个人离开了。

这就是客套话和礼貌用语的奇特作用，用在不太熟悉的人之间表示熟悉，用在亲密的人之间则拉开距离，表示生疏。因而，如果我们想要拒绝他人，却又不知道如何拒绝，就完全可以多多说些客套话，让那些原本以为和我们很熟的人，产生距离感和生疏感。如此一来，他们自然不好意思再超越关系，说出不情之请。

对于陌生人或者不太熟悉的人，我们一定要说礼貌用语，诸如

"谢谢""对不起""打扰了""很抱歉""非常感谢",等等。这些礼貌用语,能够让人与人之间的关系变得更加和谐,从而也避免了毫不客气的话给他人带来的不快感受。然而,如果把这些礼貌用语用在非常熟悉的人之间,则效果完全相反,往往让听的人感觉到生疏和距离。举个最简单的例子:如果一对朝夕相处的夫妻,在有需要请对方帮忙时,一口一个谢谢,每句话都客套无比,那么旁观的人一定会觉得他们不是真正的夫妻,甚至怀疑他们之间的关系。很多情况下,对于初次见面的陌生人,客套话都能帮助我们与他人更加熟悉,给对方留下好感,从而促进交流。然而,对于原本应该熟悉亲密的人,客套话反而会让彼此的关系疏远,导致彼此之间产生无边的隔阂。因而,当我们想要拒绝他人时,也可以用客套话作为拉开距离的有效方法。这么做,非但给对方保全了颜面,也让我们的拒绝更加委婉,不那么生硬和伤人。

说话锦囊

用客套话作为拉开距离的有效方法,让拒绝更加委婉。

被拒绝后的转身,需要一个台阶

人离不开群体而生活,能力又是有限的,所以,难免有有求于人和被人求助的情况。中国人是好面子的,而有些人虚荣心又很强,在别人有求于己的时候,即使是力所不及,为了这个面子和这份虚荣,也不会拒绝。如果幸运,可能费了九牛二虎之力,事情得到了解决；没那么幸运的话，事情就没办成，关系也闹僵了。所以，在别人的求助超出自己的能力范围，感到棘手而解决不了时，一定要拒绝。

佳宝进入公司已经好几年了，工作上一直勤勤恳恳、兢兢业业，深得领导喜爱。不管有什么大事小情，上司总是习惯于第一时间找佳宝，似乎只要把事情交给了佳宝，就算进了保险箱。如此时间长了，佳宝越来越忙碌，甚至根本没有空闲的时间。而看看其他同事，有的时候手里的活儿忙完了，还有时间发发呆，在网上看看花边新闻，但是工资和佳宝的工资相差无几。佳宝所得到的，也只不过是上司有时候的口头表扬而已。眼看着有几个和自己差不多时间进入公司的同事，都已经成为部门的小主管，或者升任外地分公司的主管、经理等职务，佳宝扪心自问：我并不比他们差，为什么始终得不到晋升呢？后来，佳宝好不容易才从一个昔日的同事、如今其他部门的张主管口中得知，公司高层领导早就想要提拔佳宝，但是佳宝的顶头上司却总是以"佳宝办事能力很强，但是管理能力还有所欠缺"为由委婉拒绝。实际上，张主管告诉佳宝："哪个上司不想手下有个能干的、值得托付的人呢！如果说你得不到晋升有什么理由，那就是你太能干了，你的上司不想放你走，他去哪里还能找到这么勤奋踏实、任劳任怨的人呢？"佳宝恍然大悟。他决定改变自己，不再任由上司调遣，这样也许能够找到一条晋升之路呢！

当天快下班时，上司又拿着一摞厚厚的文件来找佳宝，说是需要当晚赶出来。佳宝不假思索地说："实在对不起，领导。我今天不能加班，我妈从老家来看我，找不到路，我必须去接她。而且她给我带来了冬天的衣服被褥什么的，特别重，她也拎不动。"听到佳宝的话，上司马上说："哦，那你赶紧下班吧，提前一会儿也行，我再安排别人。"就这样，佳宝以要去车站接妈妈为由，委婉地拒绝了上司的加班要求，并且显得理所当然，也没有让上司面子上难看。

佳宝用迂回的战术，委婉拒绝了上司安排的加班要求，既使自己全身而退，又没有驳了上司的面子，可谓一举两得。但值得我们注意的是，编造的理由不可久用，如果有一天被拒绝的人一旦发现自己是被欺骗了，后果可想而知。所以，拒绝的理由最好不要是欺骗。

很多人深有体会，拒绝没那么简单，掌握不好拒绝的分寸，就会伤了感情，甚至失去朋友。那么，怎样才能掌握好拒绝的火候？

首先，当别人开口说出需求时，我们要耐心地听完，一来显示出对对方的尊重，不至于让他们觉得难为情，失了面子。大部分人在有求于别人的时候，几乎都是犹豫了好久，"厚着脸皮"提出来的；二来通过倾听，掌握对方的心理，找到拒绝的突破口，说出充分恰当并且极具说服力的理由。三来拒绝的话要说得含蓄而委婉，话语中，还要铺好一个对方收到拒绝后，转身离开的台阶。这样，对方就能感受到你的难处，体谅你的心有余而力不足。拒绝时最忌讳的，是毫不顾忌对方感受的、搪塞的拒绝，这种做法，必失去朋友无疑。

说话锦囊

> 拒绝时最忌讳的，是毫不顾忌对方感受的、搪塞的拒绝，这种做法，必失去朋友无疑。

用沉默表示如磐石般的拒绝

这个世界不是所有的人都懂你，被不懂的人误解无须争辩，我们选择沉默；有时被最爱的人误解，我们难过到不想争辩，也只有选择沉默。生命中往往有很多无言以对的时刻。不是所有的是非都能辩明，不是所有的纠葛都能理清，有时沉默就是我们最好的回答和诠释。尽管语言是人们彼此之间交流的最有效、最常用工具，但是偶尔语言的交流并不能如愿以偿地起到作用，反倒是沉默，更容易让人们明白心意，使一切都尽在不言中。

人们常说的七年之痒，在如今小凡和子诺的婚姻中也出现了。也许是因为当年一见钟情，飞速闪婚吧。小凡和子诺的确在婚后度过了一段幸福的日子，甚至还惹得身边的亲戚朋友们全部把他们当婚姻的典范。然而，爱情总是如烟花般绚烂，在闪婚第七个年头的今天，他们也走上了决裂的道路。

原本，小凡和子诺的婚姻生活很幸福，他们还有了一个3岁的女儿，就像小天使一样可爱。然而，毕竟7年的朝夕相处使人产生了审美疲劳。在一次出差的旅途中，子诺与同行的女秘书发生了婚外情。或者是酒精的作用，或者是意外，也或者是命中注定。总而言之，这件事情发生了，再也无法挽回，而且被小凡发现了。从发现这件事情的那一刻开始，小凡就不再说任何一句话。最终，小凡在经过慎重考虑之后提出了离婚。对于小凡，子诺是很愧疚的。眼看着原本幸福美满的家庭危在旦夕，子诺也痛心不已。在约定去拿离婚证的那天早晨，子诺还在苦苦地哀求小凡："小凡，看在孩子的分上，你就原谅我吧，我保证我以后绝不再那样了。我给你写保证书，行不行？"小凡悄然走了出去，只丢下一句："民政局见。"这是小凡得知子诺出轨之后说的唯一一句话。子诺当然了解小凡的个性，也知道小凡眼里从来揉不得沙子。最终，在小凡长久的沉默中，子诺只得同意离婚，并且按照约定的时间到达民政局，与小凡办理了离婚手续。

知道子诺出轨以后，小凡虽然极度愤怒和失望，但是选择了沉默。这个沉默，不是懦弱和妥协，而是无声和强有力的反抗，是隐忍，是态度不会轻易改变的坚决，是给自己和对方足够的时间，平息情绪，恢复冷静，是争取主动权的良策。如果小凡大吵大闹，家庭必然会被搅得鸡犬不宁，两人的感情势必会破裂，还会给孩子留下心理阴影。

对于心中憋闷的情绪，每个人都有不同的处理和发泄方式。有的人喜欢通过歇斯底里的大喊大叫来发泄；有的人会暗自伤心而默默流泪，或喜极而泣；另一部分人则选择沉默。人的心，是一扇通往情绪和思想的大门，时而敞开，时而封闭。当一个人沉默不语时，他所发出的信息就是，关上了自己情绪和思想的门，从这个角度来说，沉默所表达的拒绝是更加坚定不移的。不管是在生活中还是在工作中，当我们需要拒绝他人而又不想用语言表达，或者不愿意直接与对方沟通时，我们不妨就表现出沉默的样子，从而表明自己的立场，让对方知道我们心意已决。

说话是人类的一种本能，不管面对任何人、任何事，也无论我们说的话是否有意义，说话通常会成为我们习惯性的反应。因此，沉默反而显得很难得。所谓智者无言，沉默也是一种聪明处理事情的方法。人类学会说话往往需要一年的时间，而学会沉默却是一生的功课。有些事情确实需要积极表达，但有些事情却需要我们保持沉默。沉默很多时候意味着沉思，而思考往往能够让我们做出更准确的判断以及更恰当的应对。在有些时候，我们也会用沉默来表达态度，态度显现出沉默的价值，"沉默是金"的价值。

说话锦囊

　　沉默，有时则代表决绝的对抗和拒绝，当我们不想用语言表达，或者不愿意直接与对方沟通时，我们不妨就表现出沉默的样子。

EMOTIONAL INTELLIGENCE IS
THE ABILITY TO SPEAK

第十章

同事间的话，情商高的人
会给面子地说

零距离可能是绊脚石

都说商场如战场，尤其在竞争异常激烈的现代社会，千军万马冲杀着奔向行业的制高点，而最终能登顶的也就是那么几个人，可以分享胜利后的晚餐。在冲杀的过程中，必然会有一大批人马或悲壮惨烈或默默无闻地倒下，成为壮大这个行业的奠基石。

同样，这句话也适用于职场。这也是一个敌手无处不在的社会，即使你已经修炼到了眼中无人的地步，你依然有敌人，你的敌人就是你自己，稍一疏忽，就有可能被自己打败。所以，在与同事相处的过程中，要保持合适的距离，不能因为一时冲动，把自己完全暴露在对方面前。

所谓谨言慎行，正是职场上的金科玉律。

近来，李玲的心情很不好，一则因为她的孩子正在准备出国的烦琐手续，二则因为她的老公有了外遇，正在与她闹离婚。这样双重的打击，让李玲在工作上也有些力不从心。为此，她工作上错误频出，还因此被上司在会议上当着很多同事的面严厉批评。

下班时间到了，同事们都陆陆续续离开了，李玲一个人坐在空荡荡的办公室里，不知道自己该何去何从。这时，玛丽正好遗忘了东西回办公室取，因而关切地问："亲，你怎么了？看起来失魂落魄的。有什么烦心事和我说说吧，这样你心里也能好受些。"濒临崩溃的李玲，马上泪崩，说："没事，没事。"玛丽看到李玲的样子，赶紧掏出面巾纸，耐心温和地给李玲擦拭泪水。李玲把家里发生的事情全都一五一十地告诉了玛丽，也许是因为她太想倾诉了，所以忘记了玛丽是办公室里有名的大嘴巴。

没过多久，李玲所在办公室的主任升职了，主任的职位空缺下来。上司综合考虑，觉得应该在玛丽和李玲之间提拔一人当办公室主任。因而，上司分别找她们进行谈话，想要参考她们的态度和对工作的规划。上司首先与李玲谈话，很快办公室里的同事们都说李玲要升职了。后来，上司又找到玛丽谈话。这时，玛丽意识到自己也许会与李玲成为竞争对手，因而找了个借口对上司说："其实，李玲如果不是最近家里事情太多，失魂落魄，她倒是挺适合这个办公室主任的职务。而且她的工作时间也比我更长，经验丰富。"听到玛丽的话，上司惊讶地问："李玲家里怎么了？"玛丽装模作样地说："她老公有外遇了，正在和她闹离婚，前几天我还看到她下班之后在办公室里号啕大哭呢。唉，其实她如果不是因为家里的事情分心，一定能把办公室里的繁杂事物处理好。"听了玛丽的话，上司若有所思地点点头。最终，上司决定让玛丽担任办公室主任。

上述事例中，办公室主任对李玲来说，本是囊中之物，但因为自己一时情绪激动，冲动战胜了理智，忘记了职场的禁忌，把自己的私事告诉了玛丽。结果，在与李玲的竞争关系中，玛丽以这件事作为击败李玲的武器，成功登上了主任宝座。

这是职场普遍存在的残酷现状。职场中的斗争，尤其是对同一位置的竞争，不是你死就是我亡。职场上的人际关系也越来越复杂，越来越紧张。一个人想要在职场上出人头地，专业能力是一方面，另一方面还要学会处理人际关系。

那么，怎么处理好这个人际关系呢？

其中一条，就是要保持适当的距离，不能过分亲近，甚至于把自己所有的事情全部告诉对方，不管是公事还是私事；同时，也不能把个人之间的感情掺杂到工作当中，否则，一不小心，就会有"把柄"落在对方手里，一旦有一天关系不好了，这个"把柄"就会变成伤害自己的利剑。另外，也要和所有同事的关系保持平衡，尽量不要有亲疏远近之分，在办公室形成小团体。

总之，同事关系是一种非常特殊的关系，处于不停变化之中。同事关系不同于同学、朋友或者亲人、爱人关系那般纯粹，而是掺杂着友好和竞争的关系。例如，在团队作战时，同事就是我们的战友，我们为了共同的荣誉而不懈奋斗；在彼此作为个体存在竞争关系时，同事就是竞争者，但是我们又不能将其当成敌人，而应该把同事关系视为友谊第一、比赛第二的竞争关系。遗憾的是，真正能够做到如此竞争的人少之又少，大多数竞争的同事之间都在爆发没有硝烟的战争，甚至有些没有原则和底线的人，还会使出很多伤人手段。因而，很多职场人士都要牢记一个原则，即永远不要把同事当成朋友，尤其是有竞争关系的同事。

说话锦囊

一个人想要在职场上出人头地，专业能力是一方面，另一方面还要学会处理人际关系，和所有同事的关系保持平衡，尽量不要有亲疏远近之分，在办公室形成小团体。

当计较时则计较

人们常说"眼里揉不得沙子",意思是太过于计较,眼里容不下别人。其实,人生"难得糊涂",过分计较,尤其是在小事上过分计较,什么都看不惯,最终会成为孤家寡人。

古往今来,凡是有杰出成就的人,都不与别人斤斤计较,不在小事上纠缠不清,能容他人所不能容。

朱德年轻时,十分看重和亲朋好友之间的关系,经常为亲朋好友排忧解难,从来不计较个人的得失,所以他的亲朋好友对他的印象都很好。

当时的朱德年轻力壮,颇有些力气,每逢农忙时节就早早地收完自己家的庄稼。不过,朱德并没有在这个时候停下来休息,而是跑到亲朋好友的田地里帮忙。一天下来,他常常累得腰酸背痛,然后第二天又拿起工具继续跑到亲朋好友的田地里帮忙收割庄稼。朱德经常帮助朋友收割庄稼,从来没有抱怨过,也从来没有喊过累。

一次,朱德去帮表叔家收割庄稼,但是他这个表叔疑心比较重,怀疑朱德前来帮忙的目的是偷粮食。因此,朱德干活时,他表叔就偷偷地监视他的行动,甚至私自打开朱德带来的筐子,检查一下里面有没有偷放什么东西。

朱德看到表叔的行为后,什么话都没说,只是冲表叔笑了笑,然后说:"表叔,没什么活了,我得走了,我妈还等着我回去吃饭呢!"说完这话,他背起筐子,挥了挥手,转身走了。

表叔看到朱德的表现后，无比惭愧地摇了摇头，内心十分钦佩。

"水至清则无鱼，人至察则无徒"。朱德之所以赢得钦佩和赞赏，正是因为他的大度，不求回报地帮助别人，被误解了也不去争辩和抱怨。

凡事都不能走入极端，片面地理解，我们所说的"不要斤斤计较"，并不是说什么都不计较，而是不去计较一些无关痛痒的小事。如果遇到大是大非，当计较时则计较，否则吃了哑巴亏，有口说不出。

张先生去朋友赵女士那里买水果，回家称了称，发现水果的分量足足少了半斤。于是，张先生气冲冲地去找赵女士，对她说："还朋友呢！我买水果你也缺斤短两，有你这样不地道的朋友吗？"

赵女士接过水果，对张先生说："你是不是回家了？"

张先生回答说："没错呀，我的确回家了。"

赵女士大声喊道："既然你回家了，我哪知道你有没有做手脚呢？现在才来找我，你不觉得太晚了吗？"

张先生气得直发抖，但是他并没有争辩，而是平静地说："好，好，我的确没证据证明你给我少称了半斤水果。这样吧，既然是朋友，我也不追究了，你再给我称点其他水果吧！要五斤！"

赵女士气哼哼地去称水果，围观的群众对张先生指指点点的，张先生一句话都没说。等赵女士把水果称好了，张先生从怀中悄无声息地取出一个小秤，称了称，发现秤上显示的是四斤半。张先生什么话都没说，只是把秤举起来让大家看。围观的群众终于明白了事情的真相，又开始掉转矛头指责赵女士。

赵女士脸憋得通红，气急败坏地嚷嚷："你还是我朋友吗？不就是秤不对吗，还跟我斤斤计较，当着这么多人这么干，这不是砸我场子吗？还让不让我做生意了？"

张先生毫不相让地说："知道是朋友你还缺斤短两！既然你欺骗我，也就别怪我和你斤斤计较了。是你自己做生意不厚道，在秤上做手脚。"

赵女士自知理亏，不好意思地垂下了头，连忙又递给张先生几个水果。等张先生走后，赵女士连忙把秤下面的磁铁悄悄地丢掉了。

生活中，如果遇到类似赵女士这样的朋友，和他计较也无妨。反之，如果表现得很大度，不仅自己吃亏，还会纵容占便宜的风气蔓延。所以，计较与不计较，要分清楚对象，当计较时则计较。

说话锦囊

> 凡事都不能走入极端，片面地理解，我们所说的"不要斤斤计较"，并不是说什么都不计较，而是不去计较一些无关痛痒的小事。如果遇到大是大非，当计较时则计较。

和领导的谈话，其实没那么难

许多与同事、亲友能滔滔不绝地说话的人，一到上级面前便结结巴巴，想好的话也不知从何说起。造成这种情况的原因是多方面的，但一般说来，上下级地位的差距在客观上造成了感情上的差距，人们所担心的"命运""前途"都掌握在领导手里，若讲话出了差错将会影响你今后的发展。另一些人认为，和领导说话要有不一般的样子，诸如此类，都造成了心理上的压力。

谈话是加强沟通，联系上下级关系的一条重要纽带，因此，下级一定要重视和领导的谈话，把握住自己的分寸。以下一些引起领导不快的话尽量少说。

不经意地说："太晚了！"

这句话的意思是嫌领导动作太慢，以至于快要误事了：在领导听来，肯定有"干吗不早点儿"的责备意味，这样的话不能对领导说。

对领导说："这事不好办。"

领导分配任务下来，而下级却说"不好办"，这样直接地让领导下不了台，一方面说明自己在推卸责任，另一方面也会让领导没面子。

对领导说："您真让我感动！"

其实，"感动"一词是领导对下级的用法，如"你们工作认真负责不怕吃苦，我很感动"。而晚辈对长辈或下级对上级用"感动"一词，就不太恰当了。尊重领导的说法，应该用"佩服"，如"经理，我们都很佩服您的果断"，这样才比较恰当。

对领导说："不行是吗？没关系！"

这话是对领导的不尊重，缺少敬意。退一步来讲，也是说话不讲方式方法，说了不该说的话。

对领导的问题回答："无所谓，都行！"

如果你这样说是出于客气，这种客气反而会招致领导的误解；如果是因为你不满意领导的看法或决定，这样说无益于问题的解决，倒不如坦率地向领导表明你的观点，能解决实际问题。

对领导说："你不清楚。"

这句话就是对熟悉的朋友也会造成很大的伤害，对领导说这样的话，更是不应该。

那么，在一般情况下，如何与上级谈话呢？具体地说，应注意以下几点。

1. 态度上不卑不亢

对上级表示尊重，承认他有强于你的地方，或者才华超群、经验丰富，所以要做到礼貌、谦逊。但是，绝不要采取"低三下四"的态度。绝大多数有见识的领导，对那种一味奉承、随声附和的人，是不会予以重视的。在保持独立人格的前提下，和领导谈话应采取不卑不亢的态度。在必要的场合，你也不必害怕表示自己的不同观点，只要你从工作出发，摆事实，讲道理，领导是会予以考虑的。

2. 不妨积极主动些

很多人在领导面前表现得躲躲闪闪，害怕和领导多说一句话，更不会推心置腹地交谈。这样造成的后果是把领导了解你的大门也同时关上了，其他的一切皆无从谈起。这是一种人际交流的恶性循环。作为下属，可以积极主动地与领导交谈，渐渐地消除彼此间可能存在的隔阂，使上级下级关系相处得正常、融洽。当然，这与"巴结"领导不能相提并论，因为工作上的讨论及打招呼是不可缺少的，这不但能消除对领导的恐惧感，而且也能使自己的人际关系圆满，工作顺利。

3. 了解领导的个性

上级固然是领导，但他首先是一个人，作为一个人，他有他的性格、爱好，也有他的语言习惯。如有些人性格爽快、干脆，有些人沉默寡言，事事多加思考。不要认为这是"迎合"，其实这正是应用心理的一门技巧。

4. 选择适当的时机

作为领导，一天到晚要考虑的问题很多，他会根据问题的重要性去选择时机思考。你应当根据自己问题的重要与否，选择适当时机去反映。如果你不知领导何时有空，不妨先给他写张字条，把自己需要解决的问题要点写上，然后请求与他交谈。或者写上你要求面谈的时间、地点，请他先定，这样，便可以方便领导安排时间。

5. 事先做好充分的准备

在谈话时，充分了解自己所要说话的要点，简练、扼要、明确地向领导汇报。如果有些问题是需要请示的，应有两个以上的方案，而且能向上级说明各方案的利弊，这样有利于领导做决断。为此，事先应当周密准备，弄清每个细节，随时可以回答，如果领导同意某一方案，你最好尽快将其整理成文字再呈上，以免日后产生理解上的分歧，造成不必要的麻烦。

6. 汇报工作进展情况一定要有根有据

在工作上要报告事实的真相，这是相当关键的，这不仅有利于领导做出正确的决断，也直接影响到领导本人的威信。任何一位领导都不会喜欢无根据的臆断与猜测的话语。

在工作中，上下级之间的关系很重要。谈话是联系上下级之间的一条纽带，因此必须加以研究，因为它直接关系到你的发展前途和晋升问题。

说话锦囊

> 谈话是加强沟通，联系上下级关系的一条重要纽带，因此，下级一定要重视和领导的谈话，把握住自己的分寸。

汇报多一些，青睐多一点

作为一个下属，免不了要和上司在工作上有往来，也难免要向领略导汇报工作，一个成功的职场人士必然是一个善于汇报工作的人，因为在汇报工作的过程中，他能得到领导对他最及时的指导，更快地成长，也因为在汇报工作的过程中，他能够与主管上司建立起牢固的信任关系。可见，我们想要赢得上司的信任，就必须掌握领导的心理，学会巧妙汇报工作，把话说到上司的心坎里，令上司满意于我们的表现。

那么，我们应该怎样汇报工作才会令上司满意呢？

1. 主动汇报

作为上司，都有这样的心理，即使再忙，也希望掌握每个下属的工作动态。因此，如果我们能主动汇报工作的话，那么便是给上司吃了颗定心丸，上司自然会满意我们的表现。

黄伟是一名外贸公司的部门经理，由于公务繁忙，忘记了对领导汇报工作。有一天，他在开会时批评下属说："你们现在好像一天都很忙啊，都忘记向我汇报工作了。"可是，会后，他听见员工们说："黄总只会说我们，他自己好像也有十天半个月没有去总经理办公室了吧。"这话倒提醒了黄伟，他想这段时间，由于忙于工作而忽略了向上司汇报工作情况这一程序，怪不得这些天总经理好像冷淡了许多。如果每天，甚至每两天抽出一小时走进上司的办公室，向他汇报自己的工作，可能就不会是这样的情况了！

想到这里，黄伟立即安排秘书为自己做工作详细记录，第二天他走进了上司的办公室，对老总说："总经理，这是我近来的工作进度，请您审查。"总经理看后对他微笑着说道："有进步啊！"黄伟也报以微笑，感觉轻松了不少。

从案例中，我们发现，在与领导沟通时，采取主动的态度十分重要。主动汇报工作，与领导及时交流，不仅能及时更正错误或不当的工作方法，还能让领导放心。而实际上，很多下属往往慑于周围人际环境的压力，唯恐领导责备自己，害怕见到领导，不主动汇报工作，从而失去了展示才华的机会，更重要的是，也失去了上司的信任。

2. 服从上级

古往今来，上下级之间，下级服从上级，这是天经地义的事，虽然也有很多下级冲撞上级，但他们都为此付出了代价。当今职场，这一规则更是不可动摇。在汇报工作的时候，有一点是我们应该注意的。那就是汇报工作，我们要尽量把焦点放在"汇报"上，而不能越权，更不能说越位的话。

3. 汇报要有重点

给领导汇报工作时，有时是一件事，有时是两件事甚至几件事，但对每件事都应考虑周全，突出重点，千万不可面面俱到，重复表达，啰唆冗长，力求做到重点突出，这样既节省了领导的时间，又体现了自己对工作的熟悉程度、对问题的把握能力、语言表达能力，同时又提高了工作效率。

越是职位高的人，需要处理的事就越多，有时候不可能把每件事都做到位。上司把某项工作交给你，是对你的信任，是对你工作能力的肯定。如果遇到鸡毛蒜皮的事也向上司请示汇报，上司就会怀疑你的能力了。而且，事无巨细，统统汇报，也有邀功之嫌。比如一个负责行政的，对完成的车辆派用等汇报是没有必要的，而对一些特殊情况的特殊处理倒是有必要汇报一下的。

4. 条理要清晰

给领导汇报前不妨先打好腹稿或者是文字汇报稿，列好若干点并言简意赅，层次分明，用最精练的语言，较准确地表达自己的汇报意图。

5. 把握领导倾向性意见

有时，一件事只有一种解决办法，有时则有多种。因此，汇报前要考虑领导倾向哪一种方法，优先说这种方法，然后再把其他建议也一并向领导汇报，供领导参考。

6. 多提解决的方法

汇报工作最重要的是提出解决问题的方案，而不是简单地提出问题。要记住，汇报工作的实质是求得领导对你的方案的批准，而不是问你的上司如何解决这个问题，否则事事都要上司拿主意，要下属又有什么用呢？我们向领导汇报工作时要预备多套方案，并将它的利弊了然于胸，必要时向领导阐述明白，并提出自己的主张，然后争取领导的批准，这是汇报的最标准版本。假如你努力做到了这点，相信你离晋升已经不远了。

7. 关键地方多请示

聪明的下属善于在关键处多向领导请示，征求他们的意见和看法，把领导的意志融入正专注的事情。关键处多向领导请示是下属争取主动的好办法，也是下属做好工作的重要保证。何为关键处？

即"关键事情""关键地方""关键时刻""关键原因""关键方式"。

说话是一门重要的学问。新人来到一个企业，很重要的一点就是要学会说话。因为我们不仅要与同事沟通，更要与上司沟通。我们如果能与领导进行有效沟通，建立并保持良好的上下级关系，对自己以后的成长都具有重要意义。

说话锦囊

> 一个成功的职场人士必然是一个善于汇报工作的人，因为在汇报工作的过程中，他能得到领导对他最及时的指导，更快地成长。

领导的赞美，是下属动力的源泉

西方有句谚语说："一滴蜜比一桶毒药所捉住的苍蝇还多。"夸奖下属就像那一滴蜜，可以俘获他们的心。在条件艰苦的战争时期，来自领导的鼓励可以让战士们克服无数艰难险阻，用顽强的毅力完成一个个艰巨的任务。会说话的领导都懂得如何夸奖下属，通过语言激励的方式赢得下属的爱戴，让下属工作更有动力。

小文是一位领导的秘书，才思敏捷，文笔出众，经常为领导写稿子。最近，小文觉得工作繁重，压力很大，整天闷闷不乐的。领导把这一切都看在眼里，对小文说："幸亏你是我的秘书，不是竞争对手的秘书，否则我找遍整个城市，也找不到哪个人能写得比你好。真不知道你这小脑瓜是怎么想出来的，不仅文笔好，速度也快，简直天生适合写作。唉，我怎么就没这本事呢？"

小文说："您过奖了，哪有这么好！"

领导说："你是实力派，不用谦虚。不过现在你让我很担心。"

小文一脸诧异地问："担心什么？"

领导回答："担心你被竞争对手看中后挖走啊，整天守着个'珠宝'，能不怕'贼'惦记吗？以后我得小心了，要注意防范这些家伙。"

小文听了喜笑颜开，工作有劲了，再也不觉得工作累了。

赞美之所以深入人心，就是因为人们都渴望被他人尊重。哪个下属不需要领导的赞美和精神层面的鼓励，不希望自己的工作能得到领导的认可？领导的夸奖是下属最大的动力，能在很大程度上提高他们的工作积极性。还有什么奖励比领导的赞扬更好，更能激励下属努力地工作呢？与其唠唠叨叨地提醒下属哪里做错了，不如赞美下属，让下属充满工作热情。

著名作家马克·吐温说："别人赞美我后，我能靠这种好心情愉快地生活两个月。"当下属认真完成一项工作后，心中最期待的是领导的赞扬。假如领导不关注下属的这种心理，就会让他们产生挫败感，觉得自己的努力白费了，所以对领导大失所望。多赞美下属能消除与下属之间的隔阂，让上下级关系变得更紧密。

假如下属做任何事情，领导都视若无睹，从不肯称赞几句，他工作时就会毫无动力。赞美意味着被他人接纳，自己的价值被别人承认，有谁不渴望领导的赞美呢？

领导的赞美是对下属工作的肯定，是对下属的赏识和重视。下属受到领导的赞扬后，经常会告诉自己："没想到领导这么看重我，一定要更加努力，不能辜负领导对我的信任。"不过是领导的几句简单的赞美，就能让下属动力十足地投入工作中，并起到非同凡响的效果。

领导的赞美能帮助下属减轻工作压力，让下属心花怒放，内心获得一种满足感。不管什么样的下属，无不希望得到领导的赞美。所以不要轻视一句小小的赞美，它能给团队带来巨大的推动力。身为领导，绝不能吝啬自己的赞美，应该多称赞自己的下属，让他们更有动力地工作。

说话锦囊

> 领导的夸奖是下属最大的动力，能在很大程度上提高他们的工作积极性，帮助他们减轻工作压力，多赞美也能消除与下属之间的隔阂，让上下级关系变得更紧密。

执而不化，药到病除

埃达是一家公司的设计师，工资优厚，待遇不错。但是，他时常与领导发生争执。一次，董事长奥卡让他修改下产品的设计思路，埃达理都不理，把董事长晾一边，继续忙自己手里的事情。正因为如此，董事长奥卡一直没有重用他。

一次偶然的机会，奥卡发现埃达勤奋好学，每天都在自修企业管理的课程，很是意外。奥卡经过调查，得知埃达虽然经常跟领导叫板作对，但并没有恶意。他是因为高明的见解得不到领导的认可，怀才不遇，心里郁闷才和领导过不去。奥卡发现了症结所在，于是诚恳地邀请埃达来做他的助理。埃达对这次提升有些意外，但他的工作态度及为人处世态度开始明显改变。

两年以后，在奥卡的大力推荐下，埃达加入了该公司的执行董事会。又过了五年，埃达又成为决策部门的高级董事。这时候的埃达，对董事长奥卡的命令"言听计从"，即使是意见不合，也不再用争执的方式来解决问题。面对其他同事，埃达也亲切随和，跟以前判若两人。

埃达属于"怀才不遇"型的下属。面对这种下属，最好的办法就是给他舞台，让他尽情地展现。若是继续压制，情况会更糟糕。

华佗是东汉末年著名的医学家，他精通内、外、妇、儿、针灸各科，医术高明，诊断准确，在我国医学史上有很高的地位。

华佗给病人诊疗时，能够根据不同的情况，开出不同的处方。

有一次，州官倪寻和李延一同到华佗那儿看病，两人诉说的病症相同：头痛发热。华佗分别给两人诊了脉后，给倪寻开了泻药，给李延开了发汗的药。两人看了药方，感到非常奇怪，问："我们两人的症状相同，病情一样，为什么吃的药却不一样呢？"华佗解释说："你俩相同的，只是病症的表象，倪寻的病因是由内部伤食引起的，而李延的病却是由于外感风寒、着了凉引起的。两人的病因不同，我当然得对症下药，给你们用不同的药治疗了。"

倪寻和李延服药后，没过多久，病就全好了。

这就是"对症下药"这一成语的由来，现在多用来比喻要善于区别不同的情况，灵活地处理各种问题。

在职场中，作为一个领导，不仅要有工作的魄力和胆识，还要巧妙处理与下属的关系。针对顽固型员工，一定要做到具体问题具体分析，对症下药，巧妙处理，把所有下属紧紧团结在自己周围。

美国的巴顿将军作战勇猛，攻无不克战无不胜，但是他也有些"小毛病"，让艾森豪威尔很为难。我们来看一下艾森豪威尔是如何"对付"巴顿的。

巴顿将军作战勇猛果断，是个将才，他的毛病是常常不分场合地发表言论，给上司招来许多麻烦。

在诺曼底战役的前夕，他在英国发表讲话说："战争胜利后，英国和美国需要联合起来管理世界。"这句话令罗斯福暴跳如雷，引起一场轩然大波。艾森豪威尔对这个下属颇为了解，他认为最简单的解决办法是让巴顿在战争中担任一个重要职务，阻止他公开演讲。因此，当巴顿提出辞职时，艾森豪威尔笑着说："你还欠我们一些胜仗，偿清它吧，全世界将相信我是一个聪明人。"

在诺曼底战役中，巴顿指挥美国第三集团军，他的坦克部队大胆地长驱直入，纵横切割，打得希特勒叫苦连天。

下属对领导多是毕恭毕敬、言听计从，但是也有一些有"个性"的下属，不听从领导指挥。面对不好管理的顽固型员工，领导要讲究一定的沟通策略和技巧，注意采取不同的方法。

说话锦囊

针对顽固型员工，一定要做到具体问题具体分析，对症下药，巧妙处理，把所有下属紧紧团结在自己周围。

EMOTIONAL INTELLIGENCE IS
THE ABILITY TO SPEAK

第十一章

对待客户怎么说，抓住对方心理是关键

掌握客户心理，沉着应战

每个人都有自己的个性特征，我们的客户也是。一个销售员随着时间的推移会发现这一点：不同的客户，有不同的个性类型，这种个性类型的划分虽说不是一成不变，但也有相对的稳定性。不同类型的顾客对销售员的态度，对营销活动的反应迥然不同。

具体来说，针对以下几种不同个性类型的客户，我们应采取不同的心理策略。

1. 生性多疑型

这种顾客对营销员所说的话通常持怀疑的态度，对商品本身也是如此。这种人心中多少存在些个人的烦恼，他们经常把一股怨气发在营销员身上。

因此，你应该以亲切的态度和他们交谈，千万别和他们争辩，同时也要尽量避免给他们施加压力，否则，只会使情况更糟。进行产品说明时，态度要沉着，言辞要恳切，而且必须观察顾客的忧虑，以一种友好的态度询问他们："我能帮你什么吗？"等他们完全心平气和时，再按一般的方法和其洽谈。

2. 自以为是型

这类顾客，总是认为自己比营销员懂得多，也总是在自己所知道的范围内，毫不客气地发表自己的见解。当你进行产品介绍时，他们也喜欢打断你："这些我早知道了。"

他们不但喜欢夸大自己，而且表现欲极强，可是他们心里也明白，仅凭自己粗浅的知识，是绝对不及一个受过训练的营销员的，他们有时会自找台阶下，说："嗯，你说得不错。"

因此，面对这种顾客，你可以"欲擒故纵"，在产品介绍完之后告诉他们："我不想打扰您了，您可以自行考虑，有需要时不妨与我联络。"

在进行商品说明时，千万别说得太详细，稍做保留，让他们产生困惑，然后告诉他们："我想你对这件商品的优点已有所了解，那你需要多少呢？"

3. 斤斤计较型

善于讨价还价的顾客，贪小也不失大，用种种理由和手段拖延交易达成，以观营销员的反应。如果营销员经验不足，极易中其圈套，因怕失去得来不易的成交机会而主动降低交易条件，导致血本无归。事实上，这类顾客爱还价是本性所致，并非对商品或服务有实质性的异议，他们在考验营销员对交易条件的坚定性。这时要创造一种紧张气氛，比如现货不多、已有人上门订购等，然后再强调商品或服务的实惠，逼诱双管齐下，使其无法斤斤计较而爽快成交。

4. 心怀怨恨型

这类顾客爱数落、抱怨别人，一见营销员上门，就不分青红皂白地无理攻击，将以往的积怨发泄到陌生的营销员身上，其中很多都是不实之词。从表面上看顾客好像是在无理取闹，但肯定是有原因的，至少从顾客的角度看这种发泄是合理的。营销员应查明这种怨恨产生的原因，然后设法缓解这种怨恨，让顾客得到充分的理解和同情。平息怨气之后的顾客，也许从此会对营销员产生认同感。

5. 冷静思考型

这类顾客喜欢靠在椅背上思索，有时则以怀疑的目光观察对方，有时甚至表现出一副厌恶的表情。由于他们的沉默不语，总会给人一种压迫感。这种思考型顾客在直销人员向他们介绍商品时，会仔细地分析营销员的为人，想探知营销员的态度是否真诚。面对这种顾客，最好的办法是你必须很注意地听取他们说的每一句话，而且铭记在心，然后从他们的言辞中，推断出他们的想法。

此外，你必须诚恳而有礼貌地与他们交谈，你的态度必须谦和而有分寸，千万别摆出一副迫不及待的样子。不过，在解说商品特性和公司策略时，则必须热情地予以说明。

6. 沉默寡言型

这类客户虽沉着冷静，对营销员的谈话也注意倾听，但反应冷淡，其内心感受不得而知。这也是一类比较理性的顾客。营销员首先要用"询问"的技巧探求顾客的内心活动，并且着重以理服人，同时尽可能用易于让其接受的谈话方式，提高自己在顾客心中的地位。

7. 好奇心强烈型

事实上，这类顾客对购买根本不存在抗拒心理，不过他们想了解商品的特性及其他一切有关的信息。

只要时间允许，他们很愿意听营销员介绍产品。他们的态度认真、有礼，同时会在产品说明会中进行积极的提问。他们会是个好买主，不过必须看商品是否合他们的心意。他们是一种冲动购买的典型，只要你能引发他们的购买动机，便很容易成交。你必须主动而热情地为他们解说产品特性，使他们乐于接受。而同时你还可以告诉他们，目前正是公司举行的一次促销活动，这样一来，他们就会高高兴兴地付款购买了。

8. 固执己见型

这类客户凡事一经决定，则不可更改。即使明知错了，也一错到底。有时会出言不逊。营销员以礼相待，也往往难以被接纳。

从心理学上讲，固执己见之人往往是脆弱和寂寞的，较一般人更渴望被理解和安慰。如营销员持之以恒，真诚相待，适时加以恭维，时间长了，或许能博得好感，转化其态度，甚至被认同而成为知音。

9. 滔滔不绝型

这类顾客在营销过程中愿意发表意见，往往一开口就滔滔不绝，口若悬河，离题甚远。对待这类顾客，营销员首先要有耐心，给顾客一定的时间，由其发泄，否则会引起不快。然后，巧妙引入话题，转入销售。而且要善于倾听顾客的谈话内容，或许能发现营销良机。

10. 大吹大擂型

这类顾客喜欢在他人面前夸耀自己的财富，但并不代表他们真的有钱。实际上他们的经济可能很拮据。虽然他们也知道有钱并不是什么了不起的事，不过，他们唯有通过自夸来增强自己的信心。这种顾客，在他们夸耀自己的财富时，你必须恭维他们，表示想跟他们交朋友。然后，在接近成交的阶段，你可以这么说："你可以先付订金，余款改天再付！"这种说法，一方面可以顾全他们的面子，另一方面也可以让他们有周转的时间。

总之，我们在销售的过程中，说话风格不能一成不变。一个销售员只有事先掌握客户的心理，并根据客户的个性转变销售语风，才能在面对各种类型的顾客时做到临阵不乱、沉着应战，从而使营销活动得以顺利进行。掌握以上十条心理策略，能帮助我们抓住客户心理从而顺利完成销售任务！

说话锦囊

不同的客户，有不同的个性类型，事先掌握客户的心理，沉着应战，从而使营销活动得以顺利进行。

坦然面对顾客质疑，赢得顾客信任

任何产品都不可能只有优点，没有缺点，顾客也不是傻子，一定深深地明白这其中的道理。因此，很多时候，顾客在挑选产品时，往往会对产品质量、售后服务等感到担心。如果是经验不够丰富的销售人员，也许会刻意回避这些问题，引导顾客只看产品的优点。然而，销售人员的回避方法往往没有什么好的成效，甚至弄巧成拙，失去顾客的信任。

那么，面对顾客的担忧和关心的问题，我们应该怎么做呢？经验丰富、聪明机智的销售员，一定不会刻意回避。相反，与其遮遮掩掩，不如坦坦荡荡，他们会大大方方地分析产品的优势和劣势，这样反而更容易让顾客信服。例如，对于一款美白化妆品，你非要说它的补水功能特别强大，甚至超过那些补水的啫喱等，这显然是不现实的。事实上，任何美白产品因为质地较厚，因而补水效果都很一般。当顾客对此提出疑虑时，你与其睁着眼睛说瞎话，不如坦然相对，并且为顾客提出合理的解决方案：可以通过打底的方式，用水或者啫喱，在使用美白产品前补水，这样效果更好。听到你这么说，顾客一定觉得心里很踏实，远远比你睁着眼睛骗她的效果好得多。在销售行业，很多销售人员都因为避开产品的缺点最终失去顾客的信任。大凡深得顾客信任的，都是能够坦然面对产品的优缺点，并且进行客观分析的销售人员。

小米是一家网店的在线客服。每天，她都要在网上给很多顾客答疑解惑。也因为不是实体店，无法看到真正的产品，因而顾客的担忧往往很多，想得也非常细致。可以说，作为网络销售，小米与一个顾客的沟通远超实体店。为此，小米必须学会如何为顾客打消疑虑，才能顺利地把产品卖出去。

这天下午，又有一位顾客咨询小米："您好，请问这个车厘子的大小如何？"小米马上发过去一张图片，上面是车厘子与一枚一元硬币的对比图，又附上一句话："直径不低于26.5mm。"接下来，顾客又问了很多问题，小米都一一作答。直到最后决定要买之后，顾客突然又问："这是美国进口的车厘子，那么如何保证新鲜呢？会不会都蔫吧了？"小敏直截了当地回答："亲，既然是美国进口的，即使保鲜技术再好，也不会像树上刚刚摘下来的那么新鲜。有个别车厘子的皮会显得有些不够脆，但是绝对不蔫吧。如果您能接受这极个别的存在不影响使用的瑕疵，您就可以放心购买。"顾客发来笑脸，说："嗯，你这么回答我就放心了。之前买车厘子，居然有个客服说保证和树上现摘的一样新鲜，我就直犯嘀咕怎么可能呢！你说的是比较符合实际情况的。"说完，顾客成功付款购买，小米也松了一口气，终于没有白费劲，做成了一单生意。

如果小米对于顾客的担心，睁着眼睛说瞎话，说车厘子和刚从树上摘下来的一样新鲜，那么肯定是不可信的。顾客当然也不傻，怎么可能千里迢迢地从美国运到中国，还是那么新鲜呢！不过，大多数车厘子都要经过一样的旅程，因为个别的表皮有些发干，是完全可以谅解的。因而在小米实话实说之后，顾客反而非常信任她，也就决定从她这里购买车厘子。

对于顾客担心的问题，千万不要回避。因为不自然的回避，恰恰说明顾客的担心是真的，而且你也无法给出合理的解答。聪明的销售人员，一定会坦然告知顾客产品的优点和缺点，从而帮助顾客更好地做出选择，这样才能得到顾客的信任和感谢。

所谓做生意，自古以来就讲究诚信。尽管现代社会做生意的方式越来越复杂，途径也多种多样，但是我们更应该讲诚信。任何时候，都不要欺骗顾客，而是把顾客的需求当成自己的需求来满足，这才是最长久的经营之道。

说话锦囊

面对顾客的担忧和关心的问题，坦然面对，客观分析，帮助顾客更好地做出选择，得到顾客的信任和感谢。

用诚心换取顾客的安心

任何产品都有自己的不足之处，有时候，当客户购买产品以后，发现了问题，这时候，销售员要主动站出来承认错误，并主动帮助客户解决问题，这样，不仅为客户减少了麻烦，而且帮助他们改善了或有效地解决了眼前的困境，客户非但不会追究责任，还会被你的责任心感动，下一次客户一定还会购买你的产品，这时候，他就是冲你的人，而不是产品了，那么即便你不做过多的介绍，客户也会对你的产品情有独钟、充满兴趣，从而产生购买的想法。

有一出戏叫《诸葛亮吊孝》，诸葛亮就是用这种真诚感动了东吴上下，化解了恩怨，巩固了孙刘两家联合抗曹的统一阵线。

三国时期，孙权和刘备为了联合抗击曹操，结成了一对盟友。诸葛亮设计"三气周瑜"导致周瑜一命呜呼后，双方出现了矛盾，东吴上下对诸葛亮恨之入骨，决心要杀死诸葛亮为周瑜报仇。孙刘两家的盟友关系也遭受了严峻的考验。为了不使两家分裂并结成仇恨，诸葛亮要亲自到柴桑口为周瑜吊孝。刘备一方的君臣坚持劝阻，认为诸葛亮此去必然要被东吴杀害，结果自然是有去无回。

诸葛亮分析，周瑜死了之后，鲁肃就会执掌东吴的大权。鲁肃是个深明大义的人，不会做出鲁莽的事情；东吴要在江东站稳脚跟，也必须和刘备联合。孙权、鲁肃都不会拿他们的江山开玩笑，同时也需要通过这次吊孝化解双方的怨恨。加上由赵子龙这位智勇双全的将军随身保护，即使出现意外，也将会有惊无伤的。诸葛亮说服众人，渡江去了东吴。到达柴桑之后，鲁肃果然非常礼貌地接待了他。诸葛亮到了灵堂，读完祭文就伏地痛哭。情真意切，泪流不止。

一口一个"周都督"，一嘴一个"周贤弟"，一边诉说两人联合抗曹的谋略，一边长叹从此失去了共同的谋划之人。似乎这个世界上只有周瑜是他诸葛亮唯一的知音了，令所有在场的人都非常感动。就连周瑜的夫人小乔也感动不已。人们对周瑜是不是诸葛亮气死的都产生了疑问，甚至认为周瑜之死是他自己心胸太狭隘造成的。

诸葛亮为什么能化解孙刘两家的怨恨？原因就是他有真诚的态

度。所以，我们在销售过程中，说话的态度也一定要认真诚恳。只有认真诚恳，才能使客户相信你，相信你的产品，从而完成销售任务。

当然，真诚并不是一点儿技巧也不讲，把一切商业秘密毫无保留地告知对方，那也不是所谓的真诚。销售语言的真诚就是要有真实的情感和诚恳的态度。那么，我们该怎样运用真诚这一心理策略呢？

1. 真诚而不轻浮

这就需要销售员在说话的时候，认真负责而不能花言巧语或者是信口开河。有些销售员为了赢得他人的信任，往往把话说得过了头，甚至采取发誓、赌咒的方式以表示自己的真诚。这也是不可取的。

一个在小菜场卖螃蟹的小贩向围观的人吆喝道："新鲜的、新鲜的，亏本卖啦，要不亏本我是孙子。"一位经常买菜的老太太在一旁自语道："这人真有意思，天天在这里亏本当孙子。"结果，围观的人慢慢地散开了。

我们再来看下面一例：

山西一位建材商到上海某厂采购不锈钢装饰管。为了得到一个合适的价位，他了解了多家同类生产厂，又去浙江了解不锈钢管的价格。通过周密的调查了解，他认为每吨22000元到22200元比较合理，双方都有利可图。于是就和上海某厂的销售经理洽谈。当价格谈到22500元的时候，在一旁的老板坐不住了。于是就从座位上站起来说："这是最低价了。这个价卖给你，我要是能赚一分钱我就是王八。"这个赌咒无疑是让对方相信他的真诚。但是，山西建材商没有说什么，笑着站起来就要离开。销售经理通过劝说还是把他留住了，最终以每吨22200元成交。这位老板觉得很尴尬，连招待这位山西客人的宴请也不好意思参加了。

这种"真诚"就是有点过了头，可谓是"越位的真诚"或"真诚的越位"。"真诚"越了位，结果事与愿违。

2. 适当暴露产品的某些小缺陷

客户心里明白，世界上没有完美的产品，我们若能主动暴露产品的一些小缺陷，定能获得客户的信任。聪明的销售员一般会"不打自招"，为了打消客户的疑虑，他们一般会主动说出一些产品的不足之处。但我们要注意，在说产品不足的时候，态度一定要认真，让客户觉得你足够诚恳，但是产品的不足一定是无碍大局的，对方可以接受的。例如，某些技术型的产品外观不是特别完美，如果你能先提出，反而会使那些理智型或挑剔型的客户更快对你产生好感，这样接下来的沟通也会更加通畅。

3. 帮助客户解决问题

要知道，我们推销的产品或者服务，能为客户解决什么问题，这也是客户最关心的。也就是说，你的产品或服务能否为客户"赚钱"或者提高效率、开拓市场等。如果不能，我们就不要盲目推销。

俗话说："精诚所至，金石为开。"生活中，我们在阅读文学作品、观看电影的时候，之所以会被其中的语言感动，多是因为真诚。如果没有生活，胡编乱造，可能就不会吸引人。连烧香拜佛也讲究"诚则灵"，销售中的语言也需要真诚。因为人都有一个基本的分辨能力，花言巧语只能欺骗少数人，多数人是不会上当的；只有真诚，才会打动客户。因为如果你不是来自一个世界知名的大公司，那客户是通过感知你才认识你的公司，你的产品的。第一印象十分重要，如果你给他的印象是一个十分诚实、可靠、准时、专业、有效率的人，那你的客户也自然会把这种看法带到对你的公司和产品的认识上。

巧妙提问，引发客户好奇

　　中医讲究的望、闻、问、切四种疗法，在推销界同样适用——推销人员必须掌握察言观色的技巧，同时还必须学会根据具体的环境特点和客户的不同特点，借助巧妙的提问，以期有效地与对方进行思想上的沟通和交流。那些经验丰富的推销人员都会感觉到自己的工作从某种程度上是与医生有着异曲同工之妙的。

　　销售能搞定客户是生存，让客户追随自己是发展。销售中可运用的战术也是变幻无常的，但"心理战术"却是隐藏在所有战术背后的最根本力量。

　　好奇心能够促使顾客做出具体的购买行为，满足自身的好奇，也是顾客重要的需求之一。因此用问题来激发客户的好奇心理，可以促成业务的成交，这种经验值得每个销售人员学习。

　　晓峰是一位从事人寿保险推销的业务员，一次，他拜访了一位完全有能力投保的客户，客户虽然明确表示自己很关心家人的幸福，但当晓峰试图促成其投保时，客户提出了不少异议，并且进行了一些琐碎且毫无意义的反驳。

很显然，如果不出奇招，这次推销很难成功。

晓峰沉思了片刻，然后，他凝视着客户，高声地说："先生，我真不明白您还犹豫什么呢？您刚才已经说了您的相关要求，而且您也有足够的能力支付保险费，更重要的是，您非常爱您的家人！不过，我好像向您提出了一个不合适的保险方式，也许我不应该让您签订这样一种保险合同，而应该订'29 天保险合同'。您是否有意向听我解释一下呢？"

客户吃惊地瞪大了眼睛问道："这 29 天保险是什么意思呀？"

"先生，29 天保险就是您每月受到保障的日子是 29 天。比如这个月，有 30 天，您可以得到 29 天的保险，只有一天除外。这一天可以任由您选择，您大概会选择星期六或星期天吧？"

客户陷入了沉思。

晓峰停了片刻，然后接着往下说道："这可不太好吧？"

客户问："此话怎讲？"

晓峰说："恐怕您周六、周日这两天要待在家里，可是据确切统计来说，家这个地方也是最容易发生危险的地方。您不觉得吗？"

晓峰故意停下来不讲了，他看着那位客户，像是在等着什么，过了会儿，他才又开口了："从公平的角度来看，先生，即使您让我马上从您家里出去，那也是情理之中的事情。我说了不应该说的事情，我显然忽略了您的家人未来的幸福，而您却是对家庭责任感非常强的一个人。我在说明这种"29 天保险'时说，您每月有 1 天或 2 天没有保险，恐怕您会这样想："如果我猝然死去或被人杀害时将会怎么办？先生，关于这一点请您尽管放心，保险行业内虽然保险方式各种各样，但对于这种 29 天保险，就目前来讲，我们公司尚未认可。我只不过冒昧地说说而已。之所以我会在这里对你说这些，是因为我想假如我是您的话，也一定会想，无论如何也不能让自己的家人处于不安定状态之中。在您内心大概就是这样的感受吧，先生我确信，像您这样的人从一开始就知道我向您推荐的那份保险的价值。它规定客户在一周 7 天内 1 天不缺。在一天 24 小时内 1 小时也不落下，无论何时何地也无论您在干什么，都能对您的安全给予保障，能使您的家人受到这样的保障，难道不正是您所希望的吗？"

这位客户完完全全地被说服了，心悦诚服地投了费用最高的那种保险。

好奇心是人们非常普遍的一种心理，当你能够准确地把握并利用这一心理，有针对性地用设问的方式来引导顾客的时候，你往往能够轻而易举地征服客户。

案例中的晓峰就是一个利用客户的好奇心理成功签单的典型，晓峰正是通过"29 天保险"这个让客户感觉新奇的事物，激起了客户的好奇心，客户由于想了解谜底而使推销员有了继续往下说的机会。如果没有这个"29 天保险"做铺垫，那么推销就难以成功了。在接下来的对话中，晓峰充分发挥了自己出色的口才，把客户的思维始终控制在感性上，最终让对方心甘情愿地购买了那份保险。

在销售环节中，巧妙地向客户提问对于销售人员来说有着诸多好处。销售中问的技巧"买卖不成话不到，话语一到卖三俏"，由此可见语言的重要性。作为销售人员想要让客户选择自己的商品，就需激发客户的好奇心，刺激其购买欲望，就要讲究沟通的艺术。向客户展示你的语言魅力。运用提问的艺术来发掘问题、获取信息，不但可以让销售人员把握住方向，让客户乐意购买你的产品，同时也给对方带来愉悦的享受。

说话锦囊

当你能够准确地把握并利用顾客的好奇心，有针对性地用设问的方式来引导顾客的时候，你往往能够轻而易举地征服客户。

沉默是力挽狂澜的无声语言

有这样一句话："沉默是金。"的确如此。男人的沉默，是一种伟岸；女人的沉默，是一种温柔；青年人的沉默，是一种稳重；老年人的沉默，是一种慈祥。"半瓶子醋"的人口若悬河，喋喋不休，聪明的人惜语如金，言简意赅。懦弱的人只会在牢骚中叹息，或在对别人的指责中"自以为是"，只有勇敢的人才会在沉默中坚强地站起来。

沉默是美好的。玫瑰在沉默中传送着情人的心语；梅花在沉默中展示着坚强者的铮铮傲骨；天空在沉默中透露着宁静和致远；大地在沉默中映射着辽阔和广博。

有些时候，人就应该保持沉默，在沉默中探索和发现，反省和奋进，同时更要用心去体会沉默的魅力！

在日常生活中，恰到好处的沉默还是一种高超的说服技巧。

爱迪生在发明了自动发报机后，打算卖掉这项发明和制造技术，以便有资金建造一个实验室。因为并不熟悉市场行情，根本不知道该项发明到底能卖多少钱，爱迪生就和夫人玛丽商量。

但玛丽在这方面知道的并不比爱迪生多，也不清楚这项发明成果究竟能卖多少钱。两个人都很发愁，不知如何向别人报价。最后，玛丽一咬牙，说：“就要 2 万美元吧，你想想看，一个实验室建造下来，至少也要这么多钱呢。”

爱迪生就说：“2 万美元？要得太多了吧。”

玛丽见爱迪生一副犹豫不决的样子，就说：“要不然，我们在卖的时候先套套买家的口气，让他先开个价，然后再做决定。”

当时爱迪生虽然说不上是家喻户晓，但也已经是小有名气了。一位英国商人在听说爱迪生打算卖掉自动发报机制造技术后，就主动上门询问需要多少钱。因为爱迪生一直认为要 2 万美元太高了，不好意思开口，便选择缄默不语。

商人催问了好几次，爱迪生始终都没有说话。最后商人终于忍不住了，就说：“我先给你开个价吧，10 万美元，你看怎么样？”

商人的报价让爱迪生大喜过望，这个价格真是太出乎他的意料了，于是他毫不犹豫地和商人当场拍板成交。后来，爱迪生对妻子开玩笑说：“真没想到我晚说了一会儿话就赚了 8 万美元。”

在与别人交流时很多人都不愿意保持沉默，不愿意让对方把话说完。但事实上，在人生的很多重要关口，沉默虽然不会创造 8 万美元，但它会让我们看到前进的方向或退路，沉默可以给自己和对方都留有余地，甚至在危急时刻力挽狂澜。

许多人认为说服中话不能少说，甚至有人口若悬河，滔滔不绝，其实让说服能顺利进行，还有一种无声的语言——以听助说。

我们可以打个比方：销售员总喜欢向别人大谈特谈，却都认为遇到那些喜欢讲话的顾客是件很麻烦的事，因为当推销员拜访他时，他高谈阔论起来就滔滔不绝，使得推销员在那里停留的时间要比预定的时间多，倘若告辞的时机与方式不恰当的话，又会被顾客认为是服务不够周到，推销产品缺乏诚意。

所以，这个时候要适时沉默，千万不要堵住他的话头，推销员可以利用顾客内心的矛盾、误解、欲望，用简捷的方式突然直击要害；逼其对关键环节表态，促使事情明朗化。

固执的人未必不可理喻，只是他一时转不过弯来而固执己见。这时最好的办法不是跟他争个谁对谁错，而是从他的观点入手，先听他说，在这个过程中分析利弊，并适时地以情感打动他，让他自己否定自己。

不了解对方的情况就乱说往往会使别人造成误会，甚至令别人蒙受巨大的损失。因此，在不清楚对方的情况时，我们不要轻易把话说出口，做个听众才是明智之举。

有人说，沉默是一种力量；也有人说，沉默是一种气质；还有人说，沉默是一种风度。是的，沉默这种不同寻常的品格具有独特的魅力。

当我们情绪不好时也最好不要开口，从长远来看这是有益的。当我们跟别人发生争吵，并且两人的情绪都很激动时，不妨先搁置争议，等双方都冷静了以后，再心平气和地讨论问题，这样双方的沟通才有实际意义。

适时地保持沉默难能可贵。不管是在日常的社交过程中，还是在职业场合里，我们要懂得倾听远比喋喋不休的话语重要得多，并且把你对对方的尊重和诚意表现在脸上，你将会有意想不到的收获。不要以为沉默就是麻木或懦弱，其实不然。很多时候，沉默表现而出的，恰恰是一种与世无争的气量、一种兢兢业业的态度、一种不求回报的奉献和一种超乎常人的智慧。

说话锦囊

沉默表现出的是一种与世无争的气量、一种兢兢业业的态度、一种不求回报的奉献和一种超乎常人的智慧。